北京市一流专业建设系列成果
国家自然科学基金资助项目成果

绿色消费信贷：
理论基础与机制设计

GREEN CONSUMER CREDIT
THEORETICAL BASIS AND MECHANISM DESIGN

徐新扩　韩立岩◎著

首都经济贸易大学出版社
Capital University of Economics and Business Press
·北京·

图书在版编目（CIP）数据

绿色消费信贷：理论基础与机制设计/徐新扩，韩立岩著．--北京：首都经济贸易大学出版社，2019.5

ISBN 978-7-5638-2625-4

Ⅰ.①绿… Ⅱ.①徐… ②韩… Ⅲ.①消费贷款—研究—中国 Ⅳ.①F832.479

中国版本图书馆 CIP 数据核字（2019）第 104260 号

绿色消费信贷：理论基础与机制设计
徐新扩　韩立岩　著
Lüse Xiaofei Xindai：Lilun Jichu Yu Jizhi Sheji

责任编辑　浩　南
封面设计　砚祥志远·激光照排　TEL：010-65976003
出版发行　首都经济贸易大学出版社
地　　址　北京市朝阳区红庙（邮编 100026）
电　　话　（010）65976483　65065761　65071505（传真）
网　　址　http://www.sjmcb.com
E-mail　publish@cueb.edu.cn
经　　销　全国新华书店
照　　排　北京砚祥志远激光照排技术有限公司
印　　刷　北京九州迅驰传媒文化有限公司
开　　本　710 毫米×1000 毫米　1/16
字　　数　171 千字
印　　张　9.75
版　　次　2019 年 5 月第 1 版　2019 年 5 月第 1 次印刷
书　　号　ISBN 978-7-5638-2625-4
定　　价　45.00 元

序

波澜壮阔的改革开放改变了中国，也影响了世界。在逾 40 年改革开放的伟大历程中，金融作为实体经济的血脉，实现了从大一统的计划金融体制到现代金融体系的“凤凰涅槃”。我国也初步建成了与国际先进标准接轨、与我国经济社会实际契合的中国特色社会主义金融发展路径。

经过逾 40 年的努力，我们不断改革完善金融服务实体经济的理论体系和实践路径：持续优化完善传统信贷市场，为服务实体企业改革发展持续注入金融活水；建立健全以股票、债券等金融工具为代表的资本市场，畅通实体企业直接融资渠道，增强其可持续发展能力；推动低效产能企业有序退出市场、临时困难但前景良好的企业平稳渡过难关、优质企业科学稳健发展，鼎力支撑我国企业从无到有、从小到大、从弱到强，逐步从低端加工制造产业向高附加值产业迈进。

经过逾 40 年的努力，我们基本构建了以人民为中心的居民家庭金融服务模式。我们不仅借鉴西方现代金融实践，支持家庭部门熨平收入波动，实现跨期消费效用最大化，而且充分利用延伸到乡镇的银行业分支机构、全面覆盖到村落的互联网等良好基础设施，逐步实现基础金融服务不出村，促使我国普惠金融走在世界前列；同时，积极构建与精准扶贫相配套的金融服务体系，发挥金融在扶贫攻坚中优化资源配置的杠杆作用，为人民实现美好生活提供金融动力。

经过逾 40 年的努力，我们探索了从国民经济循环流转大局增强金融和财政合力的有效方式。在改革开放过程中，我们不断优化财政支持与金融服务的配套机制，运用金融工具缓解财政资金使用碎片化问题和解决财政资金跨期配置问题，增进财政政策促进经济结构调整和金融政策促进经济总量优化的协调性，持续提升国民经济宏观调控能力和水平，既避免金融抑制阻碍发展，又防止过度金融风险集聚。

2008 年，美国次贷危机蔓延为全球金融海啸，引发了人们对金融理论和金融实践的深刻反思。金融理论是否滞后于金融实践，缺乏对金融实践有效的指引？金融实践是否已过度复杂化，致使金融风险难以识别、度量和分散？近年来，随着互联网、大数据、人工智能、区块链等技术的出现，科技发展在极大提高金融业服务效能的同时，也给传统金融业带来了冲击。金融业态正在发生重大变化，金融风险出现了新的特征。在新的背景下，如何处理金融改革、发展、创新与风险监管的关系，如何守住不发生系统性金融风险的底线，已经成为世界性重大课题。在以习近平同志为核心的党中央坚强领导下，我国进入中国特色社会主义新时代。在这个伟大的时代，对上述方面进行理论创新和实践探索是我们的光荣使命，任务也非常艰巨，需要建设好一流金融学科和金融专业，大规模培养高素质金融人才，形成能力素质和知识结构与时代要求相匹配的金融人才队伍。北京正在建设政治中心、文化中心、国际交往中心和科技创新中心，加强金融学科建设和金融人才培养正当其时。

欣闻首都经济贸易大学金融学成功入选北京市一流专业，正在组织出版“北京市一流专业建设系列成果”，这在打造高素质金融人才培养基地方面迈出了重要步伐，将对我国金融学科和金融专业的建设起到积极的推动作用，为促进我国金融高质量发展并建成现代金融体系做出应有贡献，为实现中华民族伟大复兴的中国梦提供有益助力。

尚福林

前言

“绿水青山就是金山银山”，打好污染防治攻坚战是建设“美丽中国”的重要内容。作为经济低碳转型的重要工具，绿色金融在节能减排过程中理应发挥重要的“杠杆”作用。但当前人们主要关注绿色金融在“生产端”的作用，对绿色金融在“消费端”作用的认知还很少。

受消费在国内生产总值（GDP）中占比不断上升、城市化持续推进以及消费结构变迁的影响，居民消费产生的碳排放在一个经济体总的碳排放中的占比呈快速上升趋势。其中，家庭消费是企业生产活动的最终目的，是引起人类碳排放的最终原因。气候政策争论中日益流行的“消费者负担”原则认为，家庭部门应该对人类活动的全部碳排放承担最终责任。因此，在企业减排受到持续、广泛关注之后，家庭减排越来越受重视，“开展全民节能行动”“形成绿色生活方式”成为我国“十三五”时期的重要目标任务。

作为鼓励居民消费的金融手段，消费信贷近年来呈快速发展趋势。根据中国人民银行公布的数据，2015 年我国金融机构本外币消费信贷（含个人购房贷款）余额已超过 43 万亿元人民币，占我国全部贷款余额的 46%。随着消费对我国经济增长的贡献不断增大，消费信贷有了长期发展的动力。消费信贷能够通过放松流动性约束对居民消费产生影响，而家庭碳排放源自各类消费。由此推断，消费信贷在影响居民消费的过程中，也会对家庭的碳排放产生影响。那么，如何减缓消费信贷对家庭碳排放的影响，实现消费信贷的绿色化呢？

绿色信贷的发展能够为消费信贷的绿色化提供借鉴。以国家环保总局、中国人民银行和中国银监会 2007 年联合发布的《关于落实环保政策法规防范信贷风险的意见》为标志，绿色信贷在我国已有十多年的发展历程。主要针对企业减排的绿色信贷的深入发展能够为绿色消费信贷机制的设计提供参考，同时，也要求消费信贷逐步实现绿色化。目前，部分银行已开始推出绿色信用卡业务，绿色消费信贷在实践上的发展处于萌芽阶段，但缺乏绿色信贷理念应用于消费信贷的理论研究，使得无法针对消费信贷的碳排放溢出效应做出具体的减排安排。

本书基于对家庭碳排放差异性的认识，从实证角度研究消费信贷碳排放溢出效应。为此，本书在认识消费信贷碳排放溢出效应的基础上，结合对碳资产理论在家庭减排中的应用和对绿色消费信贷均衡与定价的研究，系统提出消费信贷绿色化的机制。本书的主要内容、结论及贡献如下：

第一，采用基尼系数方法以及中国城市家庭的微观加权数据严格度量家庭碳排放的差异性，并比较分析中国城市家庭碳排放差异性的水平与地域特征。采用基尼系数分解方法分析家庭碳排放差异性的来源，发现具有较高碳排放强度的家居类消费是中国城市家庭碳排放差异性的最主要来源，文教娱乐类消费和食品类消费也因较高的碳排放强度和在家庭总消费中较高的占比而对家庭碳排放的差异性有较大贡献。运用 Shapley 值分解方法将家庭碳排放差异性分解为影响因素，发现人口学特征和就业与收入状况对中国城市家庭碳排放差异性的贡献较大。该部分研究能够为差异化家庭减排政策的制定提供理论基础，同时，说明家庭减排政策应重点关注家居、食品、文教娱乐等消费领域，并重点关注具有人口数量少、就业人员多和高收入特征的高碳排放家庭。

第二，在“消费生态”（Consumer Lifestyle Approach，CLA）框架的基础上，提出“家庭特征—消费模式—隐含碳排放”框架，采用中国城市家庭的调查数据，分析家庭特征通过消费模式对家庭碳排放的影响，解释产生家庭碳排放差异性的原因。结果表明，各类消费对家庭碳排放的影响不同，食品、衣着、通信和家居类消费对家庭碳排放的影响较大。家庭特征对家庭各类消费的影响存在差异，收入和家庭规模对各类消费均有影响，但影响系数不同，教育水平、户主性别和婚姻状况只对部分消费内容有影响。家庭特征通过对消费内容的不同作用影响家庭碳排放。从节能减排的角度看，应通过生产环节的减排降低消费品的碳排放强度，并引导居民消费低碳产品，同时，减少非必需品的购买。

第三，基于家庭碳排放差异性和碳资产的含义提出家庭碳资产的概念，分析家庭碳资产的节能减排属性、市场价值属性、社会价值属性、环保信号属性和不确定性。基于家庭碳资产的概念、特征和属性，提出基于家庭相对碳排放水平和碳资产价格的家庭碳资产的度量原理。在此基础上，基于家庭碳资产的不确定性和家庭各类消费隐含碳排放的差异，提出不确定条件下家庭碳资产的分类度量方法，进而考虑到时间因素，提出家庭碳资产的动态度量方法，并分析家庭碳资产的动态演化特征和灵敏度。研究结果表明，家庭碳资产价值受家庭碳资产市场交易的不确定性、家庭的相对碳排放水平和家庭碳资产价格等因素的影响。据此可以对家庭碳资产定价并设计减少家庭碳排放的金融产品。

第四，从理论和实证方面分析消费信贷通过消费模式对家庭碳排放的影响。在理论方面，构建家庭消费多种不同类型的商品时的效用函数，说明不同消费内容给家庭带来的效用差异，家庭受社会经济特征的影响存在不同的消费模式。消费信贷影响家庭的流动性约束，从而会对家庭的消费规模和消费结构，即家庭的消费模式产生影响。与此同时，基于已有研究成果说明消费模式决定家庭的碳排放水平。由此从理论上得到消费信贷通过消费模式影响家庭碳排放的结论。在实证方面，基于中国城市家庭的微观调查数据，构建消费信贷因素影响家庭消费和碳排放以及消费模式影响家庭碳排放的模型，综合利用稳健标准差加权 OLS 方法和 Quantile 回归方法对模型进行实证分析。结果表明，家庭房贷水平、家庭短期消费贷款水平和家庭信用卡透支额度对家庭碳排放水平均有显著的正向影响，同时，这些因素也影响家庭各类消费的人均支出水平，而家庭各类消费决定家庭的碳排放水平。这从实证方面说明消费信贷通过消费模式影响家庭的碳排放水平。该部分研究丰富了对家庭碳排放影响因素的认识，能够为通过消费金融手段减少家庭碳排放提供理论基础。

第五，基于对家庭碳资产价值的分析以及对消费信贷影响家庭碳排放的研究，提出通过获取家庭碳资产收益减少低碳消费家庭利息支出的绿色消费信贷理念，并设计绿色消费信贷的运行机制。通过在贝纳西（Benassy）微观非均衡理论框架下构建银行和家庭在传统消费信贷和绿色消费信贷中的行为函数并分析其均衡，说明银行是市场利率的决定者。通过比较银行在传统消费信贷和绿色消费信贷中的目标函数，根据无套利均衡原理，对绿色消费信贷进行定价，得到绿色消费信贷的利率等于传统消费信贷的利率减去单位贷款额度碳资产收益的结果。绿色汽车贷款的案例说明绿色消费信贷机制及定价理论的有效性和应用价值，同时也说明绿色消费信贷能够成为金融机构参与节能减排的有效工具之一。

希望本书的研究能够为通过消费金融手段差异化减少家庭碳排放的政策制定和实践发展提供理论参考。

2019 年 3 月

于首经贸向东楼

目录

CONTENTS

1 绪 论

低碳化是经济社会发展的趋势和要求。继国家、行业和企业之后，家庭也成为节能减排的重要主体。本书从碳资产和消费金融的视角，研究家庭碳排放的差异性、价值属性和影响因素，并据此提出促进家庭减排的绿色消费信贷方案。本书的内容编排如下：第一，研究家庭碳排放的差异性特征，说明制定多样化的家庭减排政策的必要性；第二，通过消费模式研究家庭特征对家庭碳排放差异性的影响，说明家庭碳排放差异性的原因；第三，研究家庭碳排放的资产属性，说明可以通过市场机制减少家庭碳排放；第四，研究消费信贷通过影响消费规模和消费结构对家庭碳排放的影响；第五，基于对家庭碳排放差异性、家庭碳资产属性以及消费信贷影响家庭碳排放的研究，设计通过消费信贷模式改进减少家庭碳排放的绿色消费信贷机制，并对其进行定价。本书的研究能够为通过消费金融手段差异化减少家庭碳排放的政策制定和实践发展提供理论参考。

1.1 研究背景与意义

1.1.1 研究背景

本书的研究基于家庭减排的重要性、碳排放的资产属性、消费信贷的快速发展以及绿色信贷的发展等四个方面的背景。

（1）家庭减排的重要性

温室气体排放（主要是碳排放）是气候变暖的直接原因，是全球性的政治和经济问题（国务院发展研究中心课题组，2009）。2015 年 3 月全球大气中的二氧化碳月均浓度首次突破 400ppm 这一人类有史以来的最高值，人类温室气体排放引起各界更加广泛的关注。

在当前主要关注国家、地区和企业节能减排的背景下，家庭对碳排放的影响以及家庭在节能减排中的作用没有引起足够重视（Greening，2000；Herring，2006；范进，等，2012）。实际上，高能耗企业以及高能耗生产之所以存在，究其原因，是家庭对高能耗产品的需求。在当前贸易比较发达的条件下，如果某一地区消费部门的碳排放没有减少，该地区生产部门碳排放的减少必然伴随着其他地区生产部门碳排放的增加（王琴 & 曲建升，2012）。因而，仅仅强调生产过程的减排而不强调最终消费的减排实际上是“治标不治本”。

气候政策中日益流行的“消费者负担”原则认为家庭是各种产品的最终消费者，家庭中每个人的消费行为是全球碳排放的来源，因而，应该从家庭消费角度对碳排放进行控制（Bin & Dowlatabadi，2005）。此外，强调家庭消费层面的减排有助于消除工业污染者和消费者在碳排放责任上的对立状态（Bin & Dowlatabadi，2005），使节能减排政策更加公平和具有效率（樊纲，等，2010）。

由于家庭减排的重要性，推行低碳消费理念，减少家庭消费的隐含碳排放应该在节能减排体系中占有重要位置，有必要成为节能减排政策关注的要点之一。

（2）碳排放的资产属性

1992 年《联合国气候变化框架公约》以及 2005 年《京都议定书》的签署为全球碳交易的发展提供了制度基础，随后，加拿大、美国、澳大利亚、丹麦、英国等国家和地区纷纷建立了自愿或强制性的碳排放交易体系。

中国2013年开始在北京市、天津市、上海市、重庆市、广东省、湖北省、深圳市七省市开展碳排放权交易试点。国家发改委2014年年底出台《碳排放权交易管理暂行办法》，以此作为国家层面碳交易市场建设的政策依据，计划通过2015年法律法规、技术标准和基础设施的完善，于2016—2020年建成全国统一的碳市场。

碳交易市场的发展使碳排放能够用于市场交易，从而具备资产属性，可以产生货币价值。以此为基础，家庭碳排放也将具有市场价值，各类家庭碳交易市场也将逐步产生和发展。家庭碳排放的资产属性使通过市场化手段减少家庭碳排放成为可能。

（3）消费信贷的快速发展

房贷、车贷、信用卡消费在中国的发展已经比较成熟。在扩大内需的大背景下，旅游贷款、助学贷款、住房装修贷款、消费额度贷款等新的消费贷款种类也开始出现并快速发展。第三方支付企业、网络贷款平台等互联网金融的发展为消费信贷的发展提供了助力。2007年以来，中国消费信贷市场以高于20%的平均增长率保持快速增长，2014年，中国金融机构人民币消费信贷额度已超160万亿元人民币（如图1-1所示），非金融机构消费信贷、外币消费信贷也呈快速增长趋势。

消费信贷能够改变家庭的流动性约束，从而会对家庭的消费规模和消费结构产生影响，进而影响家庭消费的隐含碳排放水平。在消费信贷市场快速发展的背景下，引入家庭碳排放和家庭碳资产信号的绿色消费信贷机制，能够成为家庭节能减排的重要工具。

（4）绿色信贷的发展

欧洲国家从19世纪70年代起就开始关注银行对环境的影响，例如，联邦德国于1974年成立了世界上第一家环保银行。美国1980年通过《综合环境应对、补偿和责任法案》，该法案使美国银行业需要对它们所运营、拥有和参与管理的污染企业承担金融责任。我国绿色信贷政策的起点为中国人民银行1995年2月发布的《关于贯彻信贷政策与加强环境保护工作有关问题的通知》，该通知要求金融机构在信贷中重视自然资源和环境的保护。2007 年 7 月，在发展低碳经济的大背景下，国家环保总局、中国人民银行和中国银监会联合发布《关于落实环保政策法规防范信贷风险的意见》，通过行政手段对不符合产业政策和环境违法的企业、项目进行信贷控制，促进节能减排。2012 年 2 月，中国银监会制定发布了《绿色信贷指引》，从宏观监管层面对银行机构实施绿色信贷政策制定了具体可操作的规范，并将环境保护和节能降耗等要求充分内化到银行机构的信贷管理的全流程中，从而将绿色信贷政策长期化。

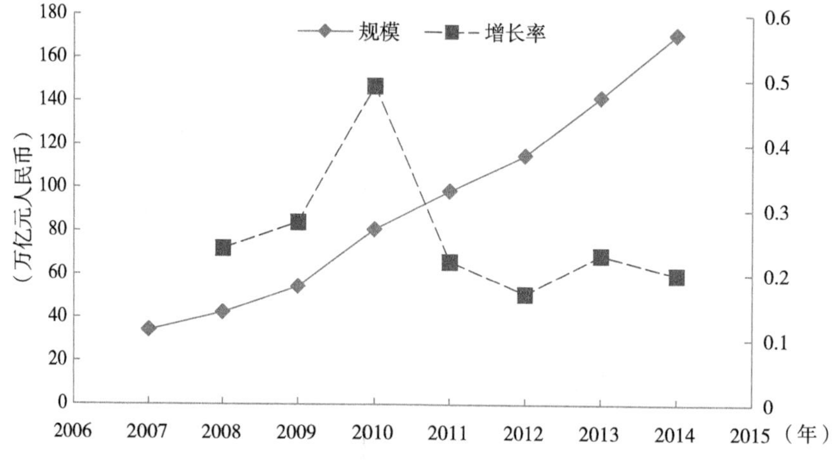

图 1-1　中国金融机构人民币消费信贷变化趋势

资料来源：中国人民银行网站公布的 2007—2014 年金融机构贷款数据。

伴随着制度和政策层面对银行环保责任的重视，银行业本身也开始关注自身面临的环境风险。1992 年，世界范围内的多家银行签署了联合国环境署倡导的《银行业环境与可持续发展宣言》，开始在经营活动中更加关注环境问题。2003 年 7 月 4 日，10 家国际银行宣布开始采用致力于在大型项目贷款中承担社会责任、防范环境风险的“赤道原则”，随后又有 50 多家银行机构宣布采纳“赤道原则”，赤道银行项目融资额约占全球项目融资总额的85%。我国目前仅有兴业银行宣布采纳“赤道原则”，但多数银行在2007年绿色信贷政策推出后开始高度关注环境问题。在我国25家规模较大的银行业金融机构中，已有13家发布了实施绿色信贷的规范性文件，兴业银行、浦发银行、招商银行等在总部成立了由高层管理人员直接负责的跨部门绿色信贷工作组织，所有银行均需要将节能环保作为信贷审批的硬性条件，实行“环保一票否决制”。2011年，我国银行在节能减排和环境保护相关领域的贷款余额已超过2万亿元人民币，占全年银行贷款总额的3%以上①。多数银行开始贷款给那些发展环境友好型技术和注意污染控制的企业（Dionnea & Spaeter，2003；Thompson，1998；Thompson & Cowton，2004）。

1.1.2 研究意义

本书通过消费金融手段差异化减少家庭碳排放，具有以下重要的现实意义。

①从碳排放的实际分布看，家庭部门占有重要比例，城市化的推进、需求增长和消费结构升级使家庭部门碳排放持续增加。同时，家庭部门对消费品的需求是生产部门碳排放的最终来源。因此，减少家庭碳排放会对节能减排的总体效果产生较大影响。

②受家庭特征和家庭消费模式的影响，家庭消费隐含碳排放的水平和结构存在很大差异。研究家庭碳排放的差异性和分布特征能够为差异化家庭减排政策的制定提供理论支撑。

③通过消费模式研究家庭特征对家庭碳排放的影响，以此提出多样化的家庭减排政策和措施，说明可以根据家庭社会经济特征的不同，采取多样化的措施调整家庭消费模式以减少家庭消费的隐含碳排放。

④基于对家庭碳排放差异性的认识，在分析家庭碳排放资产属性的

① 参考来自新华社中国金融信息网的数据。http://bank.xinhua08.com/a/20120828/1011381.shtml。

基础上，提出家庭碳资产的概念并分析其价值评估方法，能够为评估家庭低碳行为的价值以及为家庭碳资产在碳金融市场实现交易提供理论指导。

⑤银行、消费金融公司等金融机构有参与低碳经济和节能环保的意愿，但其节能减排行为缺少必要的理论支撑。本书通过研究消费信贷对家庭碳排放的影响以及设计促进家庭节能减排的绿色消费信贷方案，对金融机构参与家庭节能减排以及政策层面设计具有节能减排功能的金融产品和金融工具具有参考意义。

本书的理论意义包括以下几个方面。

①在认识到不同群体碳排放水平存在差异的基础上，度量家庭碳排放的差异程度并分析家庭碳排放差异性的来源和影响因素，以此说明制定差异化减排政策的必要性以及应该针对的家庭类型和消费领域，提升对家庭碳排放分布特征及其影响因素的认识水平。

②基于家庭特征对家庭碳排放的影响以及消费模式对家庭碳排放的决定作用，通过消费模式研究家庭特征对家庭碳排放的影响，深化关于家庭特征、消费模式和家庭消费隐含碳排放三者之间关系的认识。

③对家庭碳排放资产属性以及家庭碳资产定价的研究是从价值视角对家庭碳排放以及家庭减排行为的再认识，同时，也将碳资产的隶属主体由企业、项目、技术等拓展至家庭。

④在家庭碳排放影响因素中，理论界已研究了收入、家庭规模、人口年龄、教育水平、性别、失业情况和城乡因素等家庭特征对家庭碳排放的影响（Büchs & Schnepf，2013；Duarte et al，2012）。研究消费信贷对家庭碳排放的影响能够拓展对家庭碳排放影响因素的认识。

⑤对绿色消费信贷机制及其定价的研究说明可以通过金融手段减少家庭碳排放，能够丰富对家庭减排政策及工具的认识。

1.2 研究方案设计

1.2.1 研究内容

本书的研究内容主要包括五个方面，即：家庭碳排放的差异性及其分解，家庭特征通过消费模式对家庭碳排放的影响，家庭碳资产的属性与分类动态度量，消费信贷对家庭碳排放的影响，以及绿色消费信贷的机制与定价。

（1）家庭碳排放的差异性及其分解

基于中国城市代表性家庭的样本，通过加权处理得到用于度量家庭碳排放差异性的数据。以此数据为基础，度量并比较分析家庭碳排放的差异性，并分析家庭碳排放的来源和影响因素。

①采用基尼系数法度量家庭碳排放的差异性，通过与国际和省际碳排放基尼系数以及与家庭收入和消费的基尼系数进行比较，评价中国城市家庭碳排放的差异性程度，同时，分析中国城市家庭碳排放差异性的地区特征并探讨其形成原因。

②通过基尼系数分解法将家庭碳排放的差异性按其来源，即食品类、衣着类、家庭家居类、家用设施与服务类、文教娱乐类、交通通信类和医疗保健类等各类消费来进行分解，说明每种来源的贡献以及贡献大小的原因。

③通过回归模型识别家庭碳排放差异性的影响因素，包括家庭人口学特征、家庭就业与收入状况、家庭负担状况、家庭资产与财富规划状况等四个方面。采用 Shapley 值分解方法将家庭碳排放的差异性分解为各个影响因素，度量每个影响因素的贡献。

（2）家庭特征通过消费模式对家庭碳排放的影响

采用基于中国城市代表性家庭的样本，在“家庭特征—消费模式—家庭碳排放”的分析框架下，分析家庭特征通过消费模式对家庭碳排放的影响。

①基于“消费生态”框架提出“家庭特征—消费模式—家庭碳排放”的分析框架，从理论上说明家庭规模、收入、婚姻状况、户主性别等家庭社会经济特征通过家庭食品类、衣着类、家庭家居类、家用设施与服务类、文教娱乐类、交通通信类和医疗保健类等各类消费影响家庭的碳排放水平。

②在“家庭特征—消费模式—家庭碳排放”的分析框架下，构建家庭消费内容影响家庭碳排放以及家庭特征影响家庭各类消费的计量模型，基于这两类计量模型的变量系数，构建家庭特征通过各类消费对家庭碳排放的影响系数。

③实证分析食品类、衣着类、家庭家居类、家用设施与服务类、文教娱乐类、交通通信类和医疗保健类等各类消费对中国城市家庭碳排放的影响程度。

④实证分析家庭规模、收入、婚姻状况、户主性别等家庭社会经济特征对家庭各类消费的影响程度。

⑤基于家庭消费内容影响家庭碳排放以及家庭特征影响家庭各类消费的实证分析结果，计算家庭特征通过各类消费影响家庭碳排放的系数，并根据计算结果分析家庭特征通过消费模式对家庭碳排放的影响程度。

（3）家庭碳资产的属性与分类动态度量

讨论家庭碳资产的概念和属性，提出家庭碳资产的度量原理，探讨家庭碳资产的分类度量和动态度量方法，并对家庭碳资产价值进行灵敏度分析和蒙特卡洛模拟。

①基于碳资产的概念提出家庭碳资产以及家庭碳负债的概念。

②分析家庭碳资产的节能减排属性、市场价值属性、社会价值属性、环保信号属性以及不确定性。

③提出家庭碳资产价值的度量原理，根据家庭碳资产的特征和影响因素对家庭碳资产价值进行分类度量和动态度量，并进一步分析家庭碳资产价值的动态演化特征。

④根据家庭碳资产价值的动态演化特征，对家庭碳资产进行灵敏度分析，构建各个因素影响家庭碳资产价值的灵敏度指标。根据家庭碳资产价值的动态演化特征和灵敏度指标对家庭碳资产价值进行蒙特卡洛模拟。

（4）消费信贷对家庭碳排放的影响

从理论上通过消费模式分析消费信贷对家庭碳排放的影响，并采用中国城市代表性家庭的数据对理论的各个构成部分进行实证检验。

①基于对消费信贷影响家庭消费以及家庭各类消费决定家庭碳排放水平的认识，提出消费信贷影响家庭碳排放的理论。

②采用中国城市代表性家庭的数据，构建计量模型，采用稳健标准差加权 OLS 方法实证分析家庭房贷水平、家庭短期消费贷款水平以及家庭信用卡透支水平等消费信贷因素对家庭碳排放的影响，采用家庭房贷月供和家庭每月消费信贷还款额两项指标验证家庭房贷水平和家庭短期消费贷款水平影响家庭碳排放的稳健性。

③采用稳健标准差加权 OLS 方法验证家庭房贷水平、家庭短期消费贷款水平以及家庭信用卡透支水平等消费信贷因素对家庭各类消费的影响。

④采用 Quantile 回归方法验证家庭各类消费对家庭碳排放的影响。

（5）绿色消费信贷的机制与定价

基于对家庭碳排放的差异性和资产属性以及消费信贷对家庭碳排放的影响，设计通过消费信贷模式改进减少家庭碳排放的绿色消费信贷机制，并对其进行定价。

①提出绿色消费信贷的运行思路，根据绿色消费信贷参与主体及其借贷关系和减排责任设计绿色消费信贷的运行方案，并分析绿色消费信贷的实施条件。

②分析银行和家庭在传统消费信贷中的行为及其均衡，进而分析银行

和家庭在绿色消费信贷中的行为及其均衡，说明银行是传统消费信贷以及绿色消费信贷中贷款利率的决定者。

③基于银行在传统消费信贷和绿色消费信贷中的目标函数，根据无套利均衡定价原理，提出绿色消费信贷的定价公式，说明绿色消费信贷中的“低碳利率”由传统消费信贷的贷款利率和单位贷款额度的碳资产收益共同决定。

④以绿色汽车贷款为例，说明绿色消费信贷方案及其定价理论的有效性和应用价值。

1.2.2 研究方法

（1）差异性的度量与分解方法

①采用基尼系数方法度量家庭碳排放的差异性。基尼系数方法是应用最为广泛的差异性度量指标，和 Theil 指数和 Atkinson 指数相比，基尼系数具有易于分解的特点。

②采用基尼系数分解方法分析家庭碳排放差异性的来源。基尼系数分解方法能够将差异性完全分解为所有来源的贡献。采用由勒曼和伊扎克（Lerman & Yitzhaki，1984）提出，勒曼和伊扎克（Lerman & Yitzhaki，1985）以及史塔克等（Stark et al，1986）改进的基尼系数分解方法能够将家庭碳排放的基尼系数分解为各类消费隐含碳排放的差异性、各类消费隐含碳排放在家庭碳排放中的占比，以及各类消费隐含碳排放与家庭碳排放差异性的相关性，此外，还能够分析各类消费隐含碳排放的变化对家庭碳排放差异性的边际影响。

③采用 Shapley 值分解方法将家庭碳排放的差异性分解为各个影响因素的贡献。Shapley 值分解方法是基于回归模型的差异性分解方法。万广华（Wan，2004）提出的 Shapley 值分解方法因具有对回归方程形式没有限制的显著优点而在差异性分解中被广泛使用（Shorrocks，2013）。本书采用万广华（Wan，2004）提出的 Shapley 值分解方法分析反映家庭人口学特

征、就业与收入状况、负担状况以及资产与财富规划状况的家庭特征因素对家庭碳排放差异性的贡献。

（2）理论分析方法

①在宾和德莱塔巴迪（Bin & Dowlatabadi，2005）提出的“消费生态”框架的基础上，构建用于分析家庭特征通过消费模式影响家庭碳排放的“家庭特征—消费模式—家庭碳排放”框架。

②根据家庭碳资产的特征和影响因素，参考韩立岩、黄古博（2015）提出的度量技术碳资产的方法，提出家庭碳资产的基本度量方法，该方法反映家庭碳排放不确定性、家庭碳排放相对水平和碳资产价格对家庭碳资产价值的影响。进而，根据家庭各个消费领域碳资产的差异提出家庭碳资产的分类度量方法，考虑时间因素提出家庭碳资产的动态度量方法。同时，通过对家庭碳资产定价公式的分解得到家庭碳资产价值的动态演化公式，并据此分析家庭碳资产价值受各因素影响的灵敏度。

③根据家庭对各类消费需求的差异、各类消费碳排放强度的差异以及消费信贷对家庭消费的影响，从理论上推导出消费信贷对家庭各类消费影响的差异以及对家庭碳排放的影响。

④在贝纳西微观非均衡理论的框架下，采用行为均衡分析方法，分析银行和家庭在传统消费信贷以及绿色消费信贷中的行为及其均衡。

⑤基于银行在传统消费信贷和绿色消费信贷中的目标函数，根据金融资产的无套利均衡定价原理，提出绿色消费信贷的定价方法。

（3）实证分析方法

①通过消费模式分析家庭特征对家庭碳排放的影响。采用 OLS 回归方法实证分析家庭各类消费对家庭碳排放水平的影响；同时，采用 OLS 回归方法实证分析所选家庭社会经济特征对家庭各类消费的影响。在此基础上，实证分析家庭特征通过消费模式对家庭碳排放的影响程度。

②分析家庭碳资产价值的影响因素。基于对家庭碳资产价值动态演化和灵敏度的理论分析，采用蒙特卡洛模拟方法分析各个影响因素对家庭碳资产价值的影响。

③分析消费信贷对家庭碳排放的影响。采用稳健标准差加权 OLS 方法（White，1980）实证分析家庭房贷水平、家庭短期消费贷款水平、家庭信用卡透支额度以及家庭房贷月供和家庭消费信贷每月还款额等消费信贷因素对家庭碳排放的影响。同时，采用 Quantile 回归验证各类消费对家庭碳排放水平的影响，采用稳健标准差加权 OLS 方法（White，1980）验证家庭社会经济因素对各类消费的影响。

④分析绿色消费信贷机制及定价。以绿色汽车贷款为例，采用案例分析方法说明绿色消费信贷机制及其定价理论的有效性和应用价值。

1.2.3 技术路线

根据本书研究主题、内容和思路，制定本书的技术路线（如图 1-2 所示）。

①分析家庭碳排放的差异性，并说明不同消费内容是家庭碳排放差异性的来源，而家庭的社会经济特征是家庭碳排放的影响因素。

②通过消费模式分析家庭特征对家庭碳排放的影响，说明家庭碳排放差异性的原因。

③基于家庭碳排放差异性的特征，提出家庭碳资产的概念，并分析家庭碳资产的属性、度量方法和动态演化情况。

④基于对社会经济特征影响家庭碳排放的认识，分析消费信贷对家庭碳排放的影响。

⑤基于对家庭碳排放差异性、消费模式影响家庭碳排放、家庭碳排放的资产属性以及消费信贷影响家庭碳排放的认识，设计差异化减少家庭碳排放的绿色消费信贷机制并为其定价。

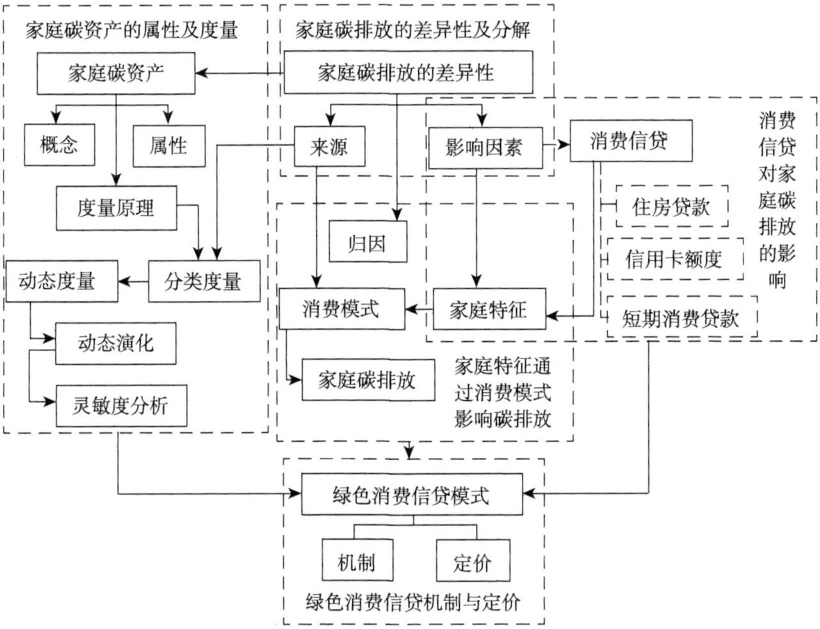

图 1-2　本书的技术路线

1.3　研究创新点

本书定量分析家庭碳排放的差异性及其来源、影响因素和形成原因，提出家庭碳资产的概念并度量其价值，分析消费信贷对家庭碳排放的影响，设计绿色消费信贷机制并为其定价。本研究的创新点体现在以下几个方面。

①采用中国城市家庭的微观数据，对家庭碳排放的差异性做定量分析，并将家庭碳排放的差异性分解为其来源和影响因素，进而说明家庭碳排放的原因，即家庭特征通过消费模式影响家庭碳排放。说明制定差异化家庭减排政策的必要性以及应该重点关注的家庭类型和消费领域。

②基于对家庭碳排放差异性的分析，提出家庭碳资产的概念，分析其属性并度量其价值，说明家庭碳排放的资产属性和价值特征，拓展对家庭

碳排放属性的认识。

③基于通过消费模式对家庭特征影响家庭碳排放的分析，研究消费信贷通过消费模式对家庭碳排放的影响，拓展对家庭碳排放影响因素的认识。

④基于对家庭碳排放差异性、家庭碳资产以及消费信贷影响家庭碳排放的研究，设计绿色消费信贷机制并为其定价。这部分研究说明通过金融手段减少家庭碳排放是可行的。

1.4 本书的结构安排

本书的主体结构共分为八个部分，具体如下。

第1章：绪论。介绍本书研究背景和意义，说明研究的内容、方法和思路，指出研究的主要创新点。

第2章：文献综述。梳理并评述与本书密切相关的文献。文献涵盖的研究主题包括家庭碳排放及其核算方法、家庭碳排放的差异性、消费生态与家庭碳排放、消费信贷对家庭消费及碳排放的影响等四个方面。

第3章：家庭碳排放的差异性及其分解。度量家庭碳排放的差异性并分析其来源与影响因素。

第4章：家庭特征、消费模式与碳排放。分析家庭特征通过消费模式对家庭碳排放的影响，说明产生家庭碳排放差异性的原因。

第5章：家庭碳资产的属性与分类动态度量。提出家庭碳资产的概念，分析家庭碳资产的属性，提出家庭碳资产价值的度量原理以及分类度量和动态度量方法，分析家庭碳资产的动态演化特征并对家庭碳资产进行灵敏度分析和蒙特卡洛模拟。

第6章：消费信贷对家庭碳排放的影响。从理论和实证角度分析家庭房贷水平、家庭短期消费贷款水平和家庭信用卡透支额度等家庭消费信贷因素通过各类消费内容对家庭碳排放的影响。

第 7 章：绿色消费信贷机制与定价。提出绿色消费信贷的运行思路和实施条件，设计绿色消费信贷的运行机制，分析绿色消费信贷中银行和借款人的行为均衡，在此基础上，对绿色消费信贷进行定价。

结论与展望：总结本书的主要创新性内容，归纳主要结论，讨论政策启示，并针对本书不足提出对该领域未来研究的展望。

2　文献综述

2.1　家庭碳排放及其核算方法

家庭碳排放是家庭所有活动的直接碳排放和间接碳排放的总和，直接碳排放是家庭直接能源产品消费引起的碳排放，间接碳排放是家庭消费的其他所有商品，如家庭使用的工业生产的家具、食品、衣着、服务等引起的碳排放（Munksgaard et al，2000）。德鲁克曼和杰克森（Druckman & Jackson，2009）认为家庭碳排放很大程度上和衣食住行以及教育娱乐等方面的功能需求相关。图克和詹森（Tukker & Jansen，2006）以及科肖夫等（Kerkhof et al，2009）认为一个家庭的碳排放不仅包括直接的能源消费带来的碳排放，还包括它使用或消费的产品在生产、分销及出售过程中所隐含的碳排放。

环境投入—产出模型（Munksgaard et al，2005；Peters & Hertwich，2008；Hertwich & Peters，2009；Minx et al，2009）被认为是计算家庭碳排放的最公平的方法（Wiedmann et al，2009；Lenzen et al，2010；Peters，2010；Larsen，2013）。科肖夫等（Kerkhof et al，2009）采用环境投入—产出方法研究了家庭支出对包括碳排放在内的多个环境变量的影响。刘文玲等（Liu et al，2011）采用环境投入—产出方法研究了1992—2007年中国农村家庭每五年的直接碳排放和间接碳排放的变化情况。拉森等（Larsen et al，2013）将环境投入—产出方法应用于对一所大学所有活动碳排放的评估，对不同区域、不同人群、不同系别和不同财务支出的碳排放情况做了评价和比较，指出该方法同样能够应用于对一般机构的碳排放评估以及不同机构碳排放情况的比较。科肖夫等（Kerkhof et al，2009）运用过程分析方法与环境投入—产出方法相结合的混合方法，采用家庭消费支出数据，研究了荷兰、英国、瑞典和挪威四国2000年前后家庭碳排放的差异。范进等（Fan et al，2012）使用环境投入—产出方法并采用中国城市家庭2003—2009年的数据，计算了相关消费活动的隐含碳排放（embedded carbon footprint）。

环境投入—产出模型主要从生产的角度分析碳排放问题，存在一定局限性。在此基础上，宾和德莱塔巴迪（Bin & Dowlatabadi，2005）提出认识消费活动影响碳排放的“消费生态”框架，并用该框架研究了美国家庭的碳排放特征。韦伯和马修斯（Weber & Matthews，2008）采用美国家庭支出的调查数据，分析了进出口产品隐含碳排放强度差异对美国家庭碳排放的影响，同时分析了收入分配、消费结构差异以及家庭规模和家庭成员构成等特征对家庭碳排放的影响，从而克服了投入—产出方法分析家庭碳排放时缺少微观基础的缺陷。雪莱等（Shirley et al，2012）使用基于生命周期的消费内容方法评估了美属维尔京群岛典型家庭的碳排放，并将该地区的人均碳排放与美国本土的人均碳排放进行比较，突出了一个小型“封闭”经济体的碳排放核算特征。小泽等（Ozawa-Meida et al，2011）研究了一所英国大学不同领域的碳排放，发现由消费引起的碳排放占校园碳排放的80%左右，因而认为基于消费的碳排放评估方法能够有效用于某一机构的碳排放评估。

肯尼和格伊（Kenny & Gray，2009）比较了流行于网络的六种家庭碳排放估算方法的异同，发现这些方法各自强调碳排放来源的不同方面，但均是对碳足迹的估计，不能做到对家庭碳排放的准确度量，评估个人和家庭碳排放的综合而可靠的模型亟待开发。查克拉波提和罗伊（Chakraborty & Roy，2013）认为碳排放估计方法的选取取决于评估对象和数据的可获得性，通过对多种基于消费的碳排放估算方法进行归类和比较，发现不同评估方法的结果存在较大差异，方法和数据获取的一致性是不同消费类型和不同国家碳排放比较的基础，同时，每种碳排放估计方法都存在不足之处。

2.2 家庭碳排放的差异性

多位学者研究了不同国家碳排放水平的差异性（Heil & Wodon，1997，2000；White，2000，2007；Sun，2002；Alcántara & Duro，2004；Hedenus & Azar，2005；Padilla & Serrano，2006；Duro & Padilla，2006；Ezcurra，2007；Kahrl & Roland-Holst，2007；Duro & Padilla，2008；Duro et al，2010；Cantore & Padilla，2010；Steinberger et al，2010；Cantore，2011；Duro，2010，2012，2013）。科拉克-萨瑟等（Clarke-Sather et al，2011）研究了1997—2007年中国省际层面碳排放的不平等性（the carbon inequality），发现中国省际层面碳排放的不平等性不受地域特征的影响，并且不同于全球碳排放的不平等性。国际或省际碳排放差异性的度量和分解能够为研究家庭碳排放的差异性提供借鉴。

部分学者的研究涉及家庭层面碳排放的差异性。王妍和石敏俊（Wang & Shi，2009）研究了1995—2004年中国不同地区以及不同收入水平的群体的消费引致的碳排放的差异性，发现高收入群体和发达地区人均碳排放的增速快于低收入群体和发展中地区，并发现生活方式的变化是驱动高收入群体和发达地区人均碳排放快速上升的主要原因。戈利和孟颀（Golley & Meng，2012）研究了收入水平不同的中国城市家庭的人均直接碳排放和人均间接碳排放的差异，发现富裕家庭具有较高的人均碳排放水平，但贫困家庭单位消费的碳排放强度较高。罗萨斯等（Rosas et al，2010）研究了不同收入分位的墨西哥家庭1996年和2006年商业用能及相应碳排放的变动，结果表明，2006年不同收入群体能源消费和碳排放的不平等性要强于1996年。安迪科等（Andrich et al，2013）研究了澳大利亚可支配收入不同的家庭能源需求和相应碳排放的差异性并评估了能源和财政政策对该差异性的影响。

除根据收入对家庭进行划分外，根据其他变量划分的不同群体的碳排放的差异也受到较多关注。杜瓦特等（Duarte et al，2012）分别根据收入、人口学变量和社会文化变量将西班牙家庭分为不同的群体，进而比较具有不同特征的群体的碳排放的差异。采用代表性家庭的支出调查数据（Büchs & Schnepf，2013）发现，低收入家庭、失业家庭和老龄化家庭一般具有较高的家庭用能，但这些家庭总能耗较低，同时，家庭碳排放随收入增加而上升。布兰德等（Brand et al，2013）研究了3 474个英国成年人的交通碳排放，发现这些人的交通碳排放存在很大差异，汽车拥有情况、就业状态和工作地点与家庭的距离是决定居民交通碳排放的主要因素。

基于目前对不同群体碳排放水平差异性的认识，应该进一步严格度量家庭碳排放差异程度，并分析造成家庭碳排放差异的原因，以此说明家庭减排责任的差异，为制定差异化的家庭节能减排政策提供依据。

2.3 消费生态与家庭碳排放

2.3.1 消费内容与家庭碳排放

气候政策对家庭部门碳排放的重视以及“消费者负担”原则的兴起使家庭消费对碳排放的影响受到关注（樊纲，等，2010；范进，等，2012）。安吉尔等（Angel et al，1998）、蒙卡德等（Munksgaard et al，2000）以及彼德斯等（Peters et al，2007）的研究表明，消费模式是家庭碳排放的主要驱动因素之一。斯奇伯等（Schipper et al，1989）、文吉尔和布洛克（Vringer & Blok，1995）、伦茨（Lenzen，1998）、韦伯和皮瑞斯（Weber & Perrels，2000）、赖因德斯等（Reinders et al，2003）分别研究了消费模式对不同国家家庭部门的能源需求和碳排放的影响。这些研究的结论表明，可以通过调节消费模式减少家庭碳排放。在此基础上，宾和德莱塔巴迪（Bin & Dowlatabadi，2005）提出从消费环节认识能耗及相应碳排放的“消费生态”框架，认为家庭消费行为是人类各种能源需求及相关碳排放产生的最终原因，家庭特征及社会经济特征通过对家庭消费行为的影响决定家庭的消费模式和碳排放水平。

基于“消费生态”框架，宾和德莱塔巴迪（Bin & Dowlatabadi，2005）发现，家庭用能和交通用能等带来的直接碳排放占美国家庭碳排放总量的1/3左右，此类消费对美国GDP的贡献度仅为4%，衣食住行等消费造成的间接碳排放占美国家庭碳排放的2/3左右，但此类消费对GDP的贡献度却在90%以上，他们指出，认识直接和间接碳排放的特征有利于减排政策的制定和消除工业污染者和消费者在碳排放责任上的对立状态。刘文玲等（Liu et al，2011）研究了1992—2007年中国农村家庭直接碳排放和间接碳排放的变化情况，发现家庭消费是碳排放的重要来源，人口增长、城镇化和人均消费的增加造成了间接碳排放的快速增长，而消费内容碳排放强度的下降减缓了家庭碳排放的增长，从而提出调整家庭消费结构和增加低碳产品购买比例的减排路径。由于岛屿上的居民更容易受到温室气体引起的全球变暖的影响，岛屿上居民的碳排放观念可能更强，为研究碳排放观念对实际排放结果的影响，雪莱等（Shirley et al，2012）评估了美属维尔京群岛典型家庭的碳排放后发现，该地区的人均碳排放大约比美国本土的人均碳排放低35%，消费模式和技术的变化能够显著减少碳排放。张馨等（2011）测算了中国居民家庭的间接能源消费以及相应的碳排放量，并研究了城乡居民家庭直接和间接能源消费及相应碳排放的结构和变化趋势。此外，其他学者分别研究了英国、希腊、印度、立陶宛和瑞士家庭部门不同消费内容的隐含碳排放（Chitnis et al，2012；Papathanasopoulou et al，2010；Streimikiene & Volochovic，2011；Dai et al，2012；Girod & Haan，2009）。这些研究表明，可以针对不同的消费内容采取差异化的减排策略。

人们在认识到消费活动影响家庭碳排放的同时，也逐渐重视消费结构变化对家庭碳排放的影响。帕帕姗娜斯帕露（Papathanasopoulou，2006）研究了希腊家庭 1990—2006 年消费规模和消费结构的变化对化石燃料需求和碳排放的影响，发现化石燃料需求和家庭碳排放随着消费规模的增加而增加，但受化石燃料构成和消费结构的变化影响，化石燃料需求、碳排放和消费规模的变化并不同步，通过改变化石燃料的构成和改变消费行为可能会使家庭碳排放减少。韦以明等（Wei et al，2007）分析了 1999—2002 年消费内容差异对中国城镇和农村居民直接和间接碳排放的影响，发现城市和农村家庭的直接碳排放与间接碳排放的比例很不一致，城市间接碳排放的比例远高于农村，家庭能源使用、食品、文化、教育和娱乐活动对城镇居民和农村居民来说均是排放密集型活动，住房是城镇居民的主要碳排放来源，而交通是农村居民的主要碳排放来源。庄克曼和杰克森（Druckman & Jackson，2009）研究了 1990—2004 年英国家庭碳排放的上升情况及其原因，发现碳排放与家庭的消费水平和消费结构相关联，进口商品碳排放的上升、碳排放最高的人群过多的排放、娱乐休闲所占比例较大、消费内容的扩展以及满足日常需求的家庭活动产生的大量排放是造成英国家庭碳排放上升的原因。范进等（Fan et al，2012）研究了相关消费活动的隐含碳排放，发现消费支出超出一定水平时消费结构发生变化，家庭碳排放的量因而出现非线性的变化，饮食、衣着等用于生存的消费内容引致的碳排放以及教育、健康等发展导向的消费内容引致的碳排放减少，而交通、娱乐、住房等以享受为导向的消费内容引致的碳排放有所增加或保持稳定，但总的碳排放量增大。

现有文献对家庭碳排放的来源和分布做了分析，认识到家庭不同类型的消费是家庭碳排放的来源，家庭消费内容的差异决定了家庭碳排放水平的差异。但由于主要采用总量数据进行分析，对家庭消费内容决定因素的认识不足，尚不能够完全支撑针对家庭消费内容的节能减排政策的制定。

2.3.2 家庭碳排放的影响因素

较多学者从宏观层面研究了收入水平等因素对家庭碳排放的影响。科肖夫等（Kerkhof et al，2009）比较了荷兰、英国、瑞典和挪威四国2000年前后不同收入群体家庭碳排放的差异，发现能源供应、人口密度和区域供热的可用性等国家特征决定了一国家庭的碳排放。樊纲等（2010）基于长期的、动态的视角，提出根据最终消费来衡量各国碳排放责任的理论，并根据最终消费与碳减排责任的关系，计算了1950—2005年世界各国累计消费排放量，发现中国约有14%~33%（或超过20%）的国内实际排放是由他国消费所致，而大部分发达国家则相反。冯振华等（Feng et al，2011）研究了中国城镇和农村家庭能源消费、消费支出和碳排放三者之间的关系，表明家庭碳排放存在地区和结构的差异，主要受到消费内容和收入水平的影响，家庭收入越高，消费内容越复杂，碳排放越多，城镇家庭的直接碳排放和间接碳排放均显著高于农村家庭。戴瀚程等（Dai et al，2012）预测了在低碳经济转型过程中中国家庭支出模式2005—2050年的变化情况及其对碳排放的影响，着重考察了收入增加、城镇化、老龄化社会、内需增长、市场化和减排政策的作用。宏观层面对家庭碳排放的研究对实际政策制定的参考价值较小。贺仁飞等（2012）以中国30个省、市、自治区为研究单元，发现人均生活用能、收入和生活能源碳排放这三个变量之间存在长期均衡关系，在空间过程上显示出有规律的变化趋向。王琴、曲建升（2012）分析了中国不同收入水平下的二氧化碳省际排放差异及其与人均收入水平之间的关系，发现1999—2003年中国人均碳排放随人均收入水平的提高而增加，2003—2009年人均碳排放近似于呈不规则的“M”形增长趋势，并发现不同收入水平省份之间和各省份内部的人均二氧化碳排放水平均存在较大的差距，省份之间的不平等水平明显大于省份内部的不平等水平，因而认为中国在制定节能减排政策时除考虑经济发展和人均收入水平外，还需考虑区域碳排放的特征。

最新的文献开始采用微观数据研究家庭特征对碳排放的影响。奇特尼斯等（Chitnis et al，2012）根据英国家庭的历史数据，预测了2012—2030年各种支出及相应的碳排放强度的变化趋势，其特点是考虑到了技术进步、社会人口和地理因素、生活方式和价值观念的变化对家庭碳排放的影响。杜瓦特等（Duarte et al，2012）分析了户籍、地区人口密度、教育水平、社会等级等社会因素对家庭碳排放的影响，发现这些因素和家庭的收入水平相关，而收入决定了家庭的消费额度和消费模式，从而影响家庭的消费行为以及家庭对产品和服务的需求。布克斯和斯科内夫（Büchs & Schnepf，2013）采用英国家庭的调查数据，研究了家庭特征对家庭碳排放的影响，发现收入、家庭人口数量、家庭人口年龄、教育水平、性别、失业情况和城乡因素等会对家庭不同来源的碳排放产生不同影响，因而认为减排政策的制定应该针对家庭特征和具体的减排领域。李升近和李凡秀（Lee & Lee，2014）分析了家庭特征与美国家庭温室气体排放之间的关系，发现城市化形式对家庭温室气体排放具有重要影响。

较多文献采用微观数据研究家庭特征对中国家庭碳排放的影响。王建明和王俊豪（2011）通过深度访谈，应用扎根理论探究影响社会公众在日常消费过程中实行低碳消费模式的深层次因素，发现低碳心理意识、个体实施成本、社会参照规范和制度技术情境这四个主范畴对低碳消费模式存在显著影响，而公众日常消费模式对二氧化碳等温室气体的排放具有重要影响。戈利和孟颀（Golley & Meng，2012）根据中国家庭的调查数据研究不同收入水平家庭碳排放的差异，发现富裕家庭相对贫穷家庭而言有着更高的人均碳排放，因为富裕家庭有较高的能源消费和较高的产品与服务支出，收入和碳排放之间具有正向关系，同时，收入的边际排放情形随着收入的增加呈小幅上升趋势。刘文玲等（Liu et al，2013）采用微观调查数据研究了中国西北农村地区能源消费与碳排放的情况，发现空间供热（space heating）是家庭能源消费和碳排放的主要来源，家庭碳排放与家庭人口的年龄、教育程度和数量有关，同时也与家庭的收入和空调拥有量有关。王丹寅等（2012）、曲建升等（2013）分别采用微观数据分析了收入、家庭规模、教育水平等家庭特征对家庭直接碳排放和食品、耗材、私人服务等间接碳排放以及家庭总碳排放的影响。曲建升等（Qu et al，2013）对中国西北高原干旱地区农民和牧民家庭碳排放的情况和影响因素进行了研究，发现人均碳排放受家庭规模和收入水平的影响，生活资料带来的碳排放占排放总量的绝大部分，家庭人口越多，人均碳排放越小，收入的增加带来了碳排放的增加，收入不平等也导致碳排放不平等，而收入增加过程中，高排放强度消费内容的快速增加会导致家庭碳排放持续增长。牛云翥等（2013）采用黄土高原西部地区城乡居民的调查数据，研究了家庭用能、收入和污染排放三者之间的复杂关系，发现家庭有效用能主要取决于收入水平。韩立岩等（Han et al，2014）应用分位数回归和Shapley值分解方法分析中国城市家庭消费隐含碳排放的影响因素，发现家庭规模、人均收入和汽车拥有量是影响家庭碳排放的最主要因素，同时，发现家庭特征对不同分位上的隐含碳排放的影响存在很大差异。这些研究结论表明，可以根据特征的不同将家庭划分为不同的群体，针对不同群体制定差异化的减排政策。

现有文献挖掘了多个影响家庭碳排放的家庭特征因素，然而，家庭社会经济特征对不同类型消费隐含碳排放的影响方面还缺乏深入分析。

2.3.3 家庭特征通过消费模式对家庭碳排放的影响

根据家庭碳排放的来源以及从消费视角对家庭碳排放的分析，家庭碳排放的变动必然由消费规模或消费结构的变动所引起（Munksgaard et al，2000）。与此同时，家庭碳排放受收入的非线性影响（Munksgaard et al，2000；Weber & Perrels，2000；Druckman & Jackson，2009）。对此的解释是，高收入家庭的消费支出较多，从而具有较高的碳排放；同时，消费结构的差异也可能导致低收入家庭具有更高的碳排放强度（Golley et al，2010）。

基于这样的认识，布朗德和格瓦斯（Brännlund & Ghalwash，2008）在研究收入及其分配对家庭污染物（CO_2，SO_2，NO_X）排放的影响时发现，不同收入水平下家庭的消费结构存在差异，导致不同家庭单位收入带来的污染物的数量不同。杜瓦特等（Duarte et al，2010）分析了消费模式对西班牙家庭碳排放的影响，发现家庭收入与碳排放之间的非线性关系是由家庭的消费结构和边际消费倾向的差异引起的。冯振华等（Feng et al，2011）研究了中国城镇和农村家庭能源消费、碳排放和消费支出三者之间的关系，发现家庭间接碳排放受消费支出、生活方式、能源强度和碳排放强度的影响，收入越高，家庭消费结构越复杂，碳排放越多，城镇家庭的碳排放显著高于农村家庭。

目前的研究主要涉及收入通过消费模式对家庭碳排放的影响，而消费模式在收入以外的更多家庭特征影响家庭碳排放的作用还很少涉及。

2.4 消费信贷对家庭消费及碳排放的影响

家庭金融和消费金融反映家庭财产状况、收入预期、资产流动性、融资能力以及财富代际分配等，从而影响家庭的消费习惯和支付能力，加速收入对家庭消费模式的影响（Modigliani & Brumberg，1954；Bostic et al，2009；French & Jones，2010，2011；Salotti，2010；王弟海，等，2011；Lettau & Ludvigson，2001，2004；Lee，2013；Ogawa et al，1996；Maki，2006）。

消费信贷是家庭金融或消费金融的重要方面，会影响家庭的跨期消费能力，进而从规模和结构方面对家庭消费产生较为复杂的影响（Ogawa & Wan，2007）。安佐拉塔斯（Antzoulatos，1996）、布莱迪（Brady，2008）、臧旭恒和李燕桥（2012）、蔡浩仪和徐忠（2005）等多位学者从宏观角度研究了消费信贷对消费需求的带动作用。贾良定和陈秋霖（2001）、罗巴则克和斯沃（Rubaszek & Serwa，2014）等构建了消费信贷影响消费者行为的微观模型。科勒等（Kirchler et al，2013）、李锐等（Li et al，2013）

采用微观调查数据研究了消费信贷对家庭需求的影响。此外，费舍等（Fisher et al，2010）、叶光亮等（2011）、周弘（2015）研究了住房贷款对家庭消费以及金融行为的影响。杨莎等（Yang et al，2007）、沃森顿等（Worthington et al，2011）、舍费因和尼克拉斯（Shefrin & Nicols，2014）以及廖理等（2013）研究了信用卡消费信贷对家庭消费需求的影响。陈明郎和廖育贤（Chen & Liao，2014）研究了资本和信用约束对家庭耐用品和非耐用品消费的影响。

通过作用于消费规模或消费结构，消费信贷最终会影响家庭的碳排放水平。但目前关于消费信贷影响家庭碳排放的研究还比较少。

2.5 本章小结

第一，现有文献提出并发展了核算家庭碳排放的环境投入—产出模型，该方法能够全面核算家庭各类消费隐含的直接以及间接碳排放。

第二，现有文献研究了不同群体碳排放水平的差异，能够为家庭碳排放差异性的严格度量提供基础，同时也说明，应该针对不同家庭采取差异化的减排政策。

第三，现有文献分别采用总量数据从宏观方面或者采用调查数据从微观方面研究了家庭社会经济特征对家庭碳排放的影响，并分析了消费模式对家庭碳排放的决定作用，消费模式对家庭碳排放的影响能够解释收入和家庭碳排放之间的非线性关系。但现有文献很少涉及收入以外的家庭特性通过消费模式对家庭碳排放的影响，尚不足以根据家庭特征制定针对不同消费内容的减排政策。

第四，现有文献提到消费信贷对家庭消费的影响，据此可以推断出消费信贷会对家庭碳排放产生影响。但直接研究消费信贷影响家庭碳排放的文献还很比较少。

3 家庭碳排放的差异性及其分解

本章度量家庭碳排放的差异性，并分析其来源和影响因素。具体研究内容包括三个方面：第一，采用中国城市家庭的代表性样本度量家庭碳排放的差异性，并通过与国际和省际碳排放差异性进行比较以及与家庭收入和消费差异性进行比较，分析家庭碳排放差异性的程度，同时，分析中国城市家庭碳排放差异性的区域特征并探讨其形成原因；第二，采用基尼系数分解方法将家庭碳排放的差异性分解为不同的来源，即分析七大类消费对家庭碳排放差异性的贡献；第三，通过回归模型识别家庭碳排放差异性的影响因素并通过 Shapley 值分解方法度量这些影响因素的贡献。

3.1 家庭碳排放差异性的度量与比较分析

3.1.1 家庭碳排放及其差异性的估算方法

采用宾、德莱塔巴迪（Bin & Dowlatabadi，2005）提出的“消费生态”框架核算家庭碳排放（Feng et al，2011）。一个家庭的碳排放水平由其消费的各类商品的碳排放强度以及消费的规模和结构决定。韦以明等（Wei et al，2007）首先核算了中国城镇居民各类消费的碳排放强度（如表 3-1 所示）。对任意一个家庭，某类消费的隐含碳排放为该类消费的金额与碳排放强度的乘积（Feng et al，2011），即：

$$E_i = Intensity_i * C_i \tag{3.1}$$

式中：E_i 为家庭消费类型 i 的隐含碳排放；C_i 为家庭消费类型 i 的支出金额；*Intensityi* 为消费类型 i 的隐含碳排放强度。

家庭总的隐含碳排放（E）为家庭各类消费碳排放的总和，即：

$$E = \sum Intensity_i * C_i \tag{3.2}$$

表 3-1 中国城市家庭各类消费的碳排放强度

消费类型	碳排放强度（tC/10^4 元）
食品类	0.23
衣着类	0.17
家居类	2.82
家用设施、用品与服务类	0.08
交通通信类	0.07
医疗保健类	0.18
文教娱乐类	0.43

资料来源：参考韦以明等人研究（2007）。

采用基尼系数法度量家庭碳排放的差异性。基尼系数法在度量家庭碳排放的差异性时有两个优势。一是基尼系数相对 Theil 指数、Atkinson 指数等应用更加广泛，是最流行的差异性度量指标，在多数研究碳排放差异性的文献中被采用。二是基尼系数被认为是唯一能够通过分解用于度量差异性来源的工具，能够进一步用于分析家庭碳排放的来源（Grunewald et al，2014）。

坎托尔和帕迪拉（Cantore & Padilla，2010）、坎托尔（Cantore，2011）和杜罗（Duro，2013）分别估算了国际人均碳排放的基尼系数，克拉克-萨瑟等（Clarke-Sather et al，2011）估计中国省际人均碳排放的基尼系数，类似地，这里给出家庭人均碳排放的基尼系数的计算公式，即：

$$Gini = \left[\frac{2}{N\sum_{i=1}^{N} y_i}\sum_{i=1}^{N} i * y_i\right] - 1 - \frac{1}{N} \tag{3.3}$$

式中：$Gini$ 为家庭人均碳排放的基尼系数；N 为家庭数量；y_i 为第 i 个家庭的人均碳排放；i 为家庭按人均碳排放排序的序号。

3.1.2 中国城市家庭碳排放差异性的经验研究

（1）数据来源与处理

本章的实证数据来源于清华大学金融研究中心开展的 2011 年全国消费金融调查，共包括 5 746 个有效的家庭样本，这些样本能够广泛地代表中国的城市家庭。首先，根据经济发展水平、储蓄水平、消费水平和消费条件不同将中国地级以上的城市分为三类，即一线城市、二线城市和三线城市，调查样本包括每个地区的三类城市中的家庭；其次，样本来源于全国七大经济区域中的 24 个城市（分别是北京、沈阳、上海、济南、广州、重庆、西安、武汉、包头、吉林、徐州、南昌、海口、昆明、乌鲁木齐、洛阳、朔州、伊春、安庆、泉州、桂林、攀枝花、白银和株洲），在每一经济区域中，均至少包括三个发展程度不同的城市（由城市的规模、经济发展水平、储蓄水平、消费水平、消费条件等确定）；再次，确定城市之后，随机抽取社区，并在不同社区内随机抽取家庭，每个城市样本家庭的数量参照《2009 中国城市（镇）生活与价格年鉴》中人口数据的权重确定。调查的内容包括家庭不同类型消费的月度支出，可用于计算家庭消费隐含碳排放和家庭各类隐含碳排放，还包括家庭规模、收入水平、人口结构、婚姻状况、就业情况等多个家庭特征。样本家庭区域分布、人均收入和人均消费的统计特征如表 3-2 所示。

表 3-2 样本家庭区域分布、人均收入和人均消费的统计特征

地区	城市	人口比例	人均收入（元/年）[a]				人均消费（元/月）			
			均值	标准差	最小值	最大值	均值	标准差	最小值	最大值
华北	包头	0.018 88	26 565.75	19 940.32	1 000.00	150 000	1 025.72	752.29	23.33	6 550
	北京	0.072 07	67 051.58	82 152.63	1 071.43	666 667	3 138.19	5 939.59	157.14	61 638
	朔州	0.017 84	14 369.49	11 824.77	750.00	66 667	736.50	691.91	108.33	4 825

续表

地区	城市	人口比例	人均收入（元/年）[a]				人均消费（元/月）			
			均值	标准差	最小值	最大值	均值	标准差	最小值	最大值
东北	沈阳	0.083 68	36 134.22	50 205.00	3 333.33	600 000	1 991.72	4 738.48	180.00	71 667
	吉林	0.022 00	17 145.34	11 585.27	5 000.00	116 667	848.07	407.11	156.25	2 200
	伊春	0.019 40	15 109.96	8 784.74	1 904.76	60 000	669.15	332.69	98.00	2 060
华东	安庆	0.013 86	16 325.87	10 107.41	1 666.67	66 667	614.17	324.19	104.00	1 750
	上海	0.094 25	47 217.01	46 788.33	5 000.00	400 000	2 318.43	4 390.10	200.00	58 100
	南昌	0.033 78	20 839.45	15 813.10	3 500.00	150 000	873.94	457.02	130.00	2 967
	徐州	0.021 31	25 429.81	24 350.74	5 000.00	200 000	989.93	735.99	181.91	6 470
	济南	0.063 06	28 230.30	30 454.13	2 500.00	266 667	1 746.04	5 244.71	98.80	61 429
华南	广州	0.079 18	42 939.01	41 446.94	1 666.67	375 000	2 544.66	7 189.78	68.18	111 333
	桂林	0.021 31	20 188.39	27 641.28	2 500.00	250 000	902.06	862.99	105.71	7 700
	海口	0.027 89	19 058.40	21 580.56	2 666.67	150 000	940.27	788.69	130.80	5 575
	泉州	0.012 13	45 249.49	61 923.45	5 000.00	416 667	1 187.62	1 013.21	302.50	5 440
华中	洛阳	0.028 93	13 120.46	8 559.61	3 000.00	66 667	650.77	427.04	200.00	3 925
	武汉	0.081 08	32 464.46	38 960.66	2 000.00	666 667	1 199.28	934.56	172.00	10 340
	株洲	0.022 87	16 912.75	7 064.03	2 500.00	48 000	597.34	348.63	246.67	3 400
西北	白银	0.018 54	14 119.95	14 428.40	1 666.67	110 000	777.31	1 125.81	100.00	11 500
	乌鲁木齐	0.025 29	30 477.31	34 086.90	6 000.00	300 000	1 123.80	748.31	220.00	4 550
	西安	0.063 41	44 604.28	47 021.38	3 333.33	500 000	2 342.09	5 070.07	216.67	62 500
西南	重庆	0.101 87	39 343.77	46 766.45	3 333.33	500 000	1 688.89	1 537.78	216.67	11 375
	昆明	0.034 48	37 471.34	36 496.78	7 500.00	350 000	1 335.01	892.11	290.00	5 050
	攀枝花	0.022 87	17 241.54	11 194.16	3 000.00	90 000	870.97	564.26	182.00	5 120

注：由于家庭人均收入的统计结果对人均收入最高的极少数家庭十分敏感，在收入统计时从所有样本中去除了0.1%的人均收入最高的家庭。

采用基尼系数度量差异性时要求样本的人口分布和实际的人口分布一致。我们采用的样本中各个城市家庭权重是基于《中国城市（镇）生活与价格年鉴（2009）》中各个地域的家庭比重确定的，而《中国城市（镇）生活与价格年鉴（2009）》将中西部家庭设置了较高的权重。为克服该弊端，我们采用了一种加权复制样本的方法，将各个地区的样本家庭以不同的倍数复制，使调整后的样本中七大区域城市家庭人口的比例和七大区域城市家庭实际人口比例比较接近，从而使调整后的样本家庭碳排放基尼系数能够度量。表 3-3 展示了调整前全国七大区域样本家庭的数量、人口及调整倍数，并展示了调整前后全国七大区域样本家庭人口比例、家庭实际人口比例及其差值。

表 3-3　全国七大区域样本家庭数量、人口及调整倍数

地区	样本家庭数量	样本人口数量	样本人口比例（%）	实际人口比例（%）	样本人口偏差（%）	调整倍数	调整后的样本人口比例（%）	调整后的样本人口偏差（%）
东北	720	2 230	11. 14	11. 48	-2. 77	7	12. 10	5. 46
华北	628	2 232	11. 17	13. 93	-19. 80	8	13. 85	-0. 59
华东	1 303	4 470	22. 37	28. 79	-22. 30	8	27. 73	-3. 69
华南	810	3 364	16. 83	18. 73	-10. 11	7	18. 26	-2. 50
华中	766	2 722	13. 62	12. 14	12. 24	6	12. 66	4. 35
西北	615	2 008	10. 05	5. 84	71. 94	4	6. 23	6. 57
西南	919	2 958	14. 80	9. 10	62. 70	4	9. 17	0. 84
合计	5761	19 984	100	100	—	—	100	—

注：实际人口比例根据中国第六次人口普查得到的 2010 年各大区域城市人口分布计算得到，调整倍数通过不断试错得到。

（2）实证研究与比较分析

采用基尼系数法计算中国城市家庭排放的差异性。基于加权后的样本，可以计算出中国城市家庭人均碳排放的基尼系数为 0. 579 1。相比之下，反映国际温室气体排放差异性程度的基尼系数 1971—1999 年的取值在 0. 58 至 0. 68 之间（Padilla & Serrano，2006），1977—2007 年的取值在 0. 42 至 0. 58 之间（Cantore & Padilla，2010）。此外，1995—2005 年中国省际人均碳排放差异性的基尼系数在 0.43 至 0.44 之间（Clarke-Sather et al，2011）。这表明中国城市家庭层面碳排放的差异性程度至少和国际或中国省际层面碳排放的差异性程度是相当的。随着国际或省际层面碳排放的差异性引起广泛重视，家庭层面的碳排放差异性也应引起足够关注。鉴于国际和省际人均碳排放的差异性引起了减排政策中关于不同国家或不同区域应当承担不同减排责任的讨论，家庭层面碳排放的差异性也应说明同一国家或同一地区的家庭应该承担不同的减排责任。

下面比较家庭人均收入差异性和人均消费差异性与家庭人均碳排放差异性的不同。反映中国城市家庭人均收入或人均消费差异性的基尼系数分别为 0.52 和 0.48。中国城市家庭人均碳排放差异性对应的基尼系数高于人均消费差异性对应的基尼系数，二者均高于人均碳排放差异性对应的基尼系数。中国城市家庭碳排放的差异性与中国城市家庭收入或消费的差异性是相当的。随着中国经济的发展、城市化的推进以及消费模式的升级，中国城市家庭的数量、收入水平和消费水平均将上升，家庭碳排放的差异性将随之上升。在关注居民收入不平等和消费不平等的同时，政府也应关注家庭碳排放的不平等。

接下来分析中国城市家庭碳排放差异性的地域特征（如图 3-1 所示）。首先，不同城市家庭碳排放的差异性明显不同。样本城市中各个城市的家庭人均碳排放的基尼系数在 0.44 到 0.73 之间变化，跨度较大。通过分析其原因可以发现，各个城市家庭碳排放差异性水平和这些城市家庭人均碳排放水平具有正向关系（如图 3-1 所示）。这意味着，随着家庭人均碳排放的上升，家庭人均碳排放的差异性也将上升。其次，中国南方家庭碳排放的差异程度高于北方家庭。南方家庭人均碳排放的基尼系数整体上高于北方家庭。再次，家庭碳排放的差异性在中国不同区域的城市中是明显不同的。家庭人均碳排放的基尼系数在东北和西北地区的城市高达 0.64 到 0.73，而在华北、华东和华中的城市却低至 0.45。家庭碳排放差异性的地域差异意味着应该在不同地区采取差异化的减排政策。

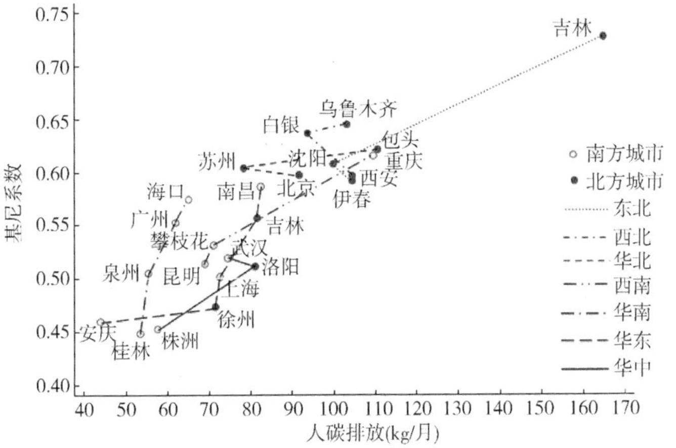

图 3-1　中国不同城市或区域家庭碳排放差异性与家庭人均碳排放之间的关系

3.2　家庭碳排放差异性的来源分解

3.2.1　家庭碳排放差异性来源的分解方法

格吕内瓦尔德等人（Grunewald et al，2014）采用基尼系数分解方法研究了全球碳排放差异性的来源。采用类似的方法，可以把家庭碳排放的差异性分解为具有不同碳排放强度的各个消费类别。基尼系数分解方法首先由勒曼和伊扎克（Lerman & Yitzhaki，1984）提出，该方法将家庭总收入的基尼系数分解为三个组成部分，即各个收入来源的差异性、各个收入来源在总收入中的比例、各个收入来源与收入差异性的相关性。相比其他大多数分解法则，如比较流行的 Shorrocks 规则（Shorrocks，1982）仅能将差异性分解为其来源的差异性和各个来源占比，基尼系数分解方法因能够分析各个来源与收入差异性的关系而包含更多信息。勒曼和伊扎克（Lerman & Yitzhaki，1985）以及史塔克等（Stark et al，1986）对基尼系数分解方法做了改进，使之能够分析收入来源的变化对收入差异性的边际影响。

参考勒曼和伊扎克（Lerman & Yitzhaki，1984，1985）以及史塔克等

人（Stark et al，1986）的方法，家庭人均碳排放的基尼系数（G）可以通过公式（3.4）进行分解：

$$G = \sum_{i=1}^{K} S_k G_k R_k \tag{3.4}$$

式中：S_k 为消费类型 k 所隐含的家庭碳排放在家庭总的碳排放中的比例；G_k 为消费类型 k 所隐含的家庭碳排放人均值的基尼系数；R_k 为消费类型 k 所隐含的家庭碳排放的人均值与家庭人均碳排放的基尼系数相关性。

消费类型 k 每一单位变化（e）引起的家庭人均碳排放的基尼系数的边际变化为：

$$\frac{\partial G}{\partial e} = S_k(G_k R_k - G) \tag{3.5}$$

消费类型 k 每一单位变化（e）引起的家庭人均碳排放的基尼系数的边际变化的百分比为：

$$\frac{\partial G/\partial e}{G} = \frac{S_k G_k R_k}{G} - S_k \tag{3.6}$$

3.2.2 中国城市家庭碳排放差异性的来源

采用扩展后的基尼系数分解方法分析中国城市家庭碳排放差异性的来源。表3-4为公式（3.4）和公式（3.6）中相关指标的实证结果，图3-2为部分指标分解结果的比较。

表3-4 中国城市家庭碳排放来源的基尼系数分解

来 源	$S_{k\_}e$（%）	$S_{k\_}c$（%）	G_k	R_k	S_h（%）	$Change$（%）
食品类	17.38	36.46	0.533 9	0.815 5	13.07	-4.32
衣着类	5.14	14.67	0.679 2	0.791 9	4.77	-0.37
家居类	57.11	10.41	0.659 0	0.949 7	61.72	4.61
家用设施、用品与服务类	1.78	12.99	0.772 2	0.805 6	1.92	0.13
交通通信类	1.88	4.01	0.627 5	0.788 0	1.61	-0.28
医疗保健类	1.59	10.83	0.766 2	0.643 4	1.36	-0.24

续表

来　源	S_{k}_e（%）	S_{k}_c（%）	G_k	R_k	S_h（%）	*Change*（%）
文教娱乐类	15.12	10.83	0.727 8	0.819 5	15.56	0.45
总计	100	100	—	—	100	—

注：S_{k}_c 代表家庭各类消费在总消费中的比例，S_{k}_e 代表家庭某类消费隐含的人均碳排放占家庭总消费隐含碳排放人均值的比例，G_k 代表家庭某类消费隐含的人均碳排放的基尼系数，R_k 代表家庭某类消费隐含的人均碳排放的基尼系数与家庭总消费隐含碳排放人均值的基尼系数的相关性，S_h 代表家庭某类消费隐含的人均碳排放的基尼系数占家庭总消费隐含碳排放人均值的基尼系数的比例，*Change* 代表家庭某类消费隐含的人均碳排放 1%的变化对家庭总消费隐含碳排放人均值的基尼系数的影响。

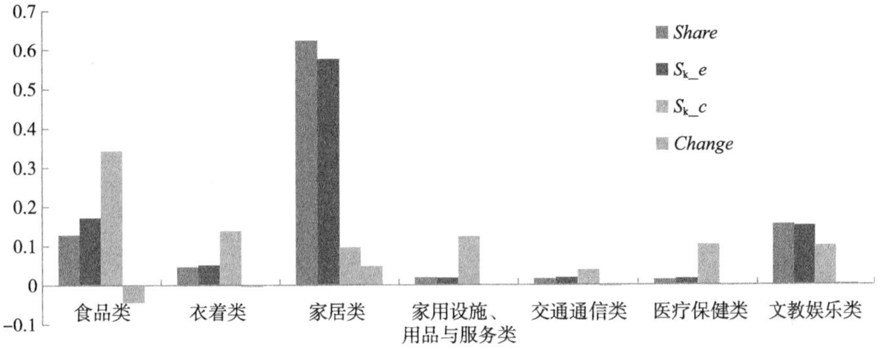

图 3-2　各类消费对中国城市家庭碳排放差异性的影响

图 3-2 表明，家居类消费是中国城市家庭碳排放的主要来源，同时，家居类消费的差异性是中国城市家庭碳排放差异性的主要来源。表 3-4 中 S_{k}_e 的结果表明，隐含的碳排放占中国城市家庭碳排放的总量的 57.11%。S_h 的结果表明，中国城市家庭碳排放差异性的 61.72%应归因于家居类消费。R_k 的结果表明，中国城市家庭家居类消费隐含碳排放人均值的基尼系数与家庭总的碳排放人均值的基尼系数之间的相关系数为 0.95%，明显高于家庭其他消费类型隐含碳排放人均值的基尼系数。此外，家居类消费 1%的变化会导致中国城市家庭人均碳排放基尼系数发生 4.61%的变化，这也高于其他类型消费对中国城市家庭碳排放差异性的影响。

家居类消费对中国城市家庭碳排放差异性的显著影响主要在于其具有较高的碳强度。家居类消费中电力、燃料和采暖设施的使用会产生较多的直接和间接碳排放。如表 3-1 所示，中国城市家庭家居类消费的碳排放强度为 2.82tC/10^4元，远高于其他类型消费的碳排放强度。但家居类消费只占家庭总消费的 10.41%（如表 3-4 所示），这高于家庭交通通信类消费的比例，但低于另外五类消费的比例。这意味着家居类消费一定比例的变化只会使家庭总消费发生较小的变化，但却会引起家庭碳排放较大比例的变化。因此，家居领域的减排在中国城市家庭的减排政策中具有相对较低的减排成本。

图 3-2 表明，食品类消费和文教娱乐类消费分别是中国城市家庭碳排放差异性的第二个和第三个来源。表 3-4 表明，食品类消费和文教娱乐类消费导致的家庭碳排放的差异性分别占所有消费导致的家庭碳排放差异性的 13.07%和 15.56%。但这两类消费对家庭碳排放及其差异性的影响方式不同。食品类消费占家庭总消费的 36.46%，而文教娱乐类消费仅占家庭总消费的 10.63%，但文教娱乐类消费相对食品类消费而言具有较高的碳排放强度，文教娱乐类消费的碳排放强度为 0.43tC/10^4元，食品类消费的碳排放强度为 0.23 tC/10^4元（如表 3-1 所示），这导致两类消费虽然在家庭总消费中的占比有很大不同，但对家庭碳排放差异性的影响结果是接近的。这说明各类消费对家庭碳排放差异性的影响既取决于其在总消费中的占比，也取决于其碳排放强度。在生产部门不断降低商品碳排放强度的过程中，家庭部门应该调整其消费结构并选择低碳商品。

各个类型的消费对中国城市家庭碳排放差异性的影响方向是不同的。家居类消费，家用设施、用品与服务类消费，以及文教娱乐类消费对家庭碳排放的差异性具有正向影响，而食品类、衣着类、交通通信类和医疗保健类消费对家庭碳排放的差异性具有负向影响。如表 3-4 和图 3-2 所示，当家居类消费，家用设施、用品与服务类消费，以及文教娱乐类消费上升 1%时，中国城市家庭人均碳排放的基尼系数分别上升 4.61%、0.13%和 0.45%，而当家庭食品类、衣着类、交通通信类和医疗保健类消费分别上升 1%时，中国城市家庭人均碳排放的基尼系数分别下降 4.32%、0.37%、0.28%和 0.24%。这说明，家庭减排政策可以通过影响居民的消费模式和消费结构减少家庭碳排放的差异性。

3.3 家庭碳排放差异性的影响因素分解

3.3.1 家庭碳排放差异性影响因素分解的方法

为分析收入差异性的影响因素，菲尔兹和柳京俊（Fields & Yoo，2000）、默多克和斯克拉（Morduch & Sicular，2002）首先引入基于回归模型的分解方法，但他们的方法对回归方程和变量的形式有较多限制，在此基础上，万广华（Wan，2004）提出了 Shapley 值分解方法。与菲尔兹和柳京俊（Fields & Yoo，2000）、默多克和斯克拉（Morduch & Sicular，2002）的方法以及 Shorrocks 法则（Shorrocks，1982）相比，万广华（Wan，2004）提出的 Shapley 值分解方法的显著优点是对回归方程的形式没有限制，从而能够在差异性分解中广泛使用（Shorrocks，2013）。

参考万广华（Wan，2004）与夏洛克斯（Shorrocks，2013）的做法，需要首先建立家庭人均碳排放的决定方程识别家庭人均碳排放的影响因素。家庭人均碳排放的决定方程可以设定为：

$$\ln(y) = \alpha + X\beta + \varepsilon \tag{3.7}$$

式中：y 是家庭人均碳排放；α 是固定值；X 是家庭人均碳排放的决定因素；β 是回归系数；ε 是残差项。

参考杜瓦特等（Duarte et al，2012）、刘文玲等（Liu et al，2013）、布切斯和斯科涅夫（Büchs & Schnepf，2013）以及韩立岩等（Han et al，2014）的做法，选取中国城市家庭人均碳排放的潜在影响因素。中国城市家庭人均碳排放影响因素的说明和统计特征分别如表 3-5 和表 3-7 所示。在此基础上，参考韩立岩等（Han et al，2014）采用的 Shapley 值分解方法将家庭人均碳排放的差异性分解为各个影响因素①。

① 韩立岩等（Han et al，2014）采用 Shapley 值分解方法分析各个影响因素对家庭碳排放的贡献，本书采用 Shapley 值分解方法分析各个影响因素对家庭碳排放差异性的贡献。

表 3-5　家庭人均碳排放的潜在影响因素说明

变量类型	变量名	变量表示	变量含义
家庭人口学特征	家庭规模	*size*	家庭人口数量
	婚姻状况	*marriage*	户主婚姻状况（已婚=1，否则为0）
	户主性别	*gender*	户主性别（男=1，否则为0）
	教育水平	*education*	户主所受教育的最高水平，受教育水平为：初中及以下、高中及中专、本科或大专、硕士和博士时分别用1、2、3、4、5来表示
家庭就业与收入	就业人员数量	*employment*	家庭就业人员数量
	失业人员数量	*unemployment*	家庭失业人员数量
	退休人员数量	*retired*	家庭退休人员数量
	税后收入	*netincome*	家庭年度税后收入（单位：元）
	收入预期	*incomeexpect*	家庭未来一年收入的预期情况，降幅较大、小幅降低、保持不变、小幅增长、较大涨幅的取值分别为1、2、3、4、5
家庭负担	就学人员数量	*beingeducation*	家庭就学人员数量
	学前人口数量	*preeducation*	家庭学前人口数量
	老人数量	*elderlivingtogether*	家庭老人数量
	赡养老人数量	*eldertosupport*	家庭需要赡养的老人数量
家庭资产与财产规划	存款水平	*deposit*	家庭存款水平，在1到17之间取值，存款水平越高，取值越高，取值方法见表6
	住房套数	*ownhouse*	家庭拥有住房套数
	汽车拥有量	*owncar*	家庭拥有汽车数量
	遗产计划	*heritageplan*	遗产计划（有=1，否则为0）
	所在城市	*j. cities*	家庭所在城市，对24个城市分布从1到24赋值

表 3-6 家庭资产负债情况的赋值

资产负债水平	无	<2 000	2 000~3 000	3 000~5 000	5 000~7 000	0. 7 万~1 万	1 万~1. 5 万	1. 5 万~2 万	2 万~3 万
赋值	1	2	3	4	5	6	7	8	9
资产负债水平	3 万~4 万	4 万~6 万	6 万~10 万	10 万~15 万	15 万~20 万	20 万~30 万	30 万~50 万	>50 万	
赋值	10	11	12	13	14	15	16	17	

表 3-7 家庭人均碳排放潜在影响因素的统计特征

Variable	Obs	Mean	Std. Dev.	Min	Max
size	5 761	3. 469 0	1. 435 0	1	18
marriage	5 761	0. 665 9	0. 471 7	0	1
gender	5 761	0. 474 9	0. 499 4	0	1
education	5 761	2. 513 1	0. 785 6	1	5
employment	5 761	2. 000 0	1. 018 0	0	10
unemployment	5 761	0. 149 9	0. 474 4	0	5
retired	5 761	0. 631 8	0. 919 1	0	6
netincome	5 761	5 785	9. 77E+07	5 000	5. 00E+09
incomeexpect	5 761	3. 505 0	0. 832 5	0	5
beingeducation	5 761	0. 379 8	0. 594 7	0	6
preeducation	5 761	0. 176 5	0. 432 9	0	6
elderlivingtogether	5 761	0. 722 6	0. 970 5	0	6
eldertosupport	5 761	1. 836 0	1. 432 0	0	9
deposit	5 761	4. 853 0	4. 016 0	1	19
ownhouse	5 761	6. 722 0	4. 571 0	1	17
owncar	5 761	2. 583 0	3. 167 0	1	17
heritageplan	5 761	0. 191 8	0. 393 8	0	1

3.3.2 中国城市家庭碳排放差异性的影响因素分解

基于中国城市家庭的加权数据，采用两个回归模型识别中国城市家庭人均碳排放的影响因素，结果如表3-8所示。家庭人口学特征、收入就业情况、家庭负担、资产状况与遗产规划均对家庭人均碳排放产生影响，其中，家庭规模、婚姻状况、户主性别、收入、收入预期、家庭就业和退休人员数量、同住老人和学前儿童数量、存款水平、住房拥有情况和汽车拥有情况等变量具有显著影响，而教育程度、受教育人员数量、赡养老人数量等变量的影响不显著。

表3-8　中国城市家庭人均碳排放的决定因素

变量名	变量表示	(1) lgpercarbon	(2) lgpercarbon
家庭人口学变量			
家庭规模	*size*	−0.127 0***	−0.126 0***
		(0.003 3)	(0.003 3)
婚姻状况	*marriage*	−0.025 3***	−0.023 1***
		(0.004 8)	(0.004 8)
户主性别	*gender*	0.016 3***	0.018 4***
		(0.003 8)	(0.003 8)
教育水平	*education*	−0.003 9	−0.000 2
		(0.002 8)	(0.002 8)
家庭就业与收入			
就业人员数量	*employment*	−0.011 1***	−0.009 9***
		(0.003 2)	(0.003 2)
失业人员数量	*unemployment*	0.003 2	0.001 8
		(0.005 0)	(0.005 0)
退休人员数量	*retired*	0.013 2***	0.013 0***
		(0.003 4)	(0.003 4)

续表

变量名	变量表示	(1) lgpercarbon	(2) lgpercarbon
失业人员数量税后收入	*netincome*	-1.24e-10***	
		(0)	
税后收入的对数	*lgincome*		-0.0648***
			(0.004 6)
收入预期	*incomeexpect*	-0.010 9***	-0.008 0***
		(0.002 3)	(0.002 3)
家庭负担			
就学人员数量	*beingeducation*	-0.003 5	-0.003 0
		(0.004 5)	(0.004 4)
学前人口数量	*preeducation*	0.014 2***	0.015 4***
		(0.005 4)	(0.005 4)
老人数量	*elderlivingtogether*	0.004 3*	0.004 4*
		(0.002 5)	(0.002 5)
赡养老人数量	*eldertosupport*	0.001 9	0.002 5*
		(0.001 5)	(0.001 5)
家庭资产与财产规划			
存款水平	*deposit*	-0.001 3***	-0.001 0**
		(0.000 5)	(0.000 5)
住房套数	*ownhouse*	-0.001 0**	-0.000 1
		(0.000 5)	(0.000 5)
汽车拥有量	*owncar*	-0.004 1***	-0.001 8***
		(0.000 7)	(0.000 7)
遗产计划	*heritageplan*	-0.021 8***	-0.020 9***
		(0.004 83)	(0.004 8)
控制变量			
2. *city*	2. *city*	0.114 0***	0.110 0***
		(0.022 5)	(0.022 5)

续表

变量名	变量表示	(1) lgpercarbon	(2) lgpercarbon
所在城市	*i. city*	—	—
		(-)	(-)
24. *city*	24. *city*	0.060 0***	0.064 8***
		(0.019 1)	(0.019 1)
固定项	*Constant*	3.113 0***	3.380 0***
		(0.019 0)	(0.026 7)
样本数	*Observations*	36 890	36 890
可决系数	*R-squared*	0.221 0	0.224 0

注：*** $p<0.01$，** $p<0.05$，* $p<0.1$，下同。

根据回归结果识别出的家庭碳排放的影响因素，基于中国城市家庭的加权数据，采用 Shapley 值分解方法分析各个影响因素对家庭碳排放差异性的贡献程度，结果如表 3-9 所示。

表 3-9　中国城市家庭碳排放差异性的 Shapley 值分解

	Factors	Shapley value	Percent
家庭人口学特征			59.74
家庭规模	*size*	0.014 3	51.95
婚姻状况	*marriage*	0.002 0	7.24
户主性别	*gender*	0.000 2	0.55
家庭就业与收入			24.31
就业人员数量	*employment*	0.005 8	21.18
失业人员数量	*unemployment*	0.000 6	2.03
税后收入	*netincome*	0.000 1	0.41
收入预期	*incomeexpect*	0.000 2	0.69
家庭负担			8.00
学前人口数量	*preeducation*	0.000 6	2.07
老人数量	*elderlivingtogether*	0.001 6	5.93
家庭资产与财产规划			7.95

续表

	Factors	Shapley value	Percent
存款水平	*deposit*	0. 000 2	0. 57
住房套数	*ownhouse*	0. 000 2	0. 67
汽车拥有量	*owncar*	0. 001 1	4. 02
遗产计划	*heritageplan*	0. 000 7	2. 69
所有因素		0. 027 6	100. 00

①家庭人口学特征是影响中国城市家庭碳排放差异性的最主要因素，贡献度为 59. 74%，其中，家庭规模的贡献度最高，为 51. 95%。表 3-8 显示，家庭规模对家庭人均碳排放具有负向影响，即家庭规模越小的家庭，人均碳排放越高。因为涉及家庭减排以及碳排放分配的政策，所以应该关注这类家庭。婚姻状况对中国城市家庭碳排放差异性的贡献度为 7. 24%，表 3-8 的实证结果（1）显示，已婚状态对家庭人均碳排放的影响系数为 -0. 025 3，已婚家庭相比未婚家庭而言具有较低的碳排放水平。因此，关注未婚家庭的减排有助于减少家庭碳排放的差异性。

②家庭就业和收入状况是影响中国城市家庭碳排放差异性的第二位因素，贡献度为 24. 31%，其中，就业人员数量的贡献度为 21. 18%。这表明就业人员数量会影响对家庭消费行为及其碳排放，进而对家庭碳排放的差异性产生显著影响。表 3-8 显示，就业人员数量对家庭人均碳排放具有显著的正向影响，而失业、退休和就学人员数量对家庭人均碳排放具有显著的负向影响。这说明家庭节能减排政策应该关注就业状况的变化。尽管家庭收入对家庭碳排放差异性的直接贡献较小（如表 3-9 所示），但对数形式的收入对家庭碳排放差异性的贡献度为 7. 15%（如表 3-10 所示）。

表 3-10　中国城市家庭碳排放差异性的 Shapley 值分解（收入采取对数形式）

	Factors	Shapley value	Percent
家庭人口学特征			56. 63
家庭规模	*size*	0. 014 1	49. 12

续表

	Factors	Shapley value	Percent
婚姻状况	*marriage*	0.002 0	7.06
户主性别	*gender*	0.000 1	0.45
家庭就业与收入			29.47
就业人员数量	*employment*	0.005 7	19.76
失业人员数量	*unemployment*	0.000 6	2.06
税后收入的对数	*lg* （*netincome*）	0.002 0	7.15
收入预期	*incomeexpect*	0.000 1	0.50
家庭负担			7.49
学前人口数量	*preeducation*	0.000 6	1.94
老人数量	*elderlivingtogether*	0.001 6	5.55
家庭资产与财产规划			6.40
存款水平	*deposit*	0.000 1	0.44
住房套数	*ownhouse*	0.000 2	0.53
汽车拥有量	*owncar*	0.000 8	2.92
遗产计划	*heritageplan*	0.000 7	2.51
所有因素		0.028 6	100.00

③家庭负担对中国城市家庭碳排放差异性的贡献度为 8.00%，其中，供养老人数量的贡献度为 5.93%，儿童数量的贡献度为 2.07%。这表明就业人员数量会影响家庭消费行为及其碳排放，进而对家庭碳排放的差异性产生显著影响。老年人口可能拥有更多的财富和空闲时间去消费，特别是在医疗和家居方面，老年人口可能比年轻人支出更多。在中国老龄化社会逐渐临近的过程中，老年人口的碳排放也应引起足够重视。

④家庭资产和财产规划对中国城市家庭碳排放差异性的贡献度为 7.95%。其中，家庭汽车拥有量对家庭碳排放差异性的贡献度为 4.02%，家庭遗产计划对家庭碳排放差异性的贡献度为 2.69%。中国经济的持续发展将会进一步提升中国城市家庭的资产水平和财产规划需求，家庭资产和财产规划对中国城市家庭碳排放差异性的贡献度也应引起更多关注。

3.4 本章小结

基于中国城市家庭的加权数据，采用基尼系数法度量家庭碳排放的差异性，并对其进行比较分析。中国城市家庭人均碳排放的基尼系数高于国际或省际人均碳排放的基尼系数，说明家庭碳排放的差异性是碳排放差异性的重要构成部分。家庭碳排放的差异性程度高于家庭收入或消费的差异性，这说明涉及环境正义的家庭碳排放不平等是各类社会不平等中的一个方面。家庭碳排放的差异性在各个城市或地区有所不同，地域特征能够为国家层面以及各个地区的差异化减排政策的制定提供参考。

通过基尼系数分解法将家庭碳排放的差异性分解为其来源，即家庭各类消费。家居类消费是中国城市家庭碳排放差异性的最主要来源，其原因在于家居消费具有较高的碳排放强度。文教娱乐类消费也因具有较高的碳排放强度而对家庭碳排放的差异性有较大贡献。食品类消费因在家庭总消费中的占比较高而对家庭碳排放的差异性有较大贡献。各类消费影响家庭碳排放差异性的不同。家居类，家用设施、用品与服务类，以及文教娱乐类消费对家庭碳排放的差异性有正向影响，而食品类、衣着类、交通通信类和医疗保健类消费的影响为负向。

通过 Shapley 值分解方法将家庭碳排放的差异性分解为影响因素。家庭人口学特征对中国城市家庭碳排放差异性的贡献度为 59.74%，其中，家庭规模的贡献度最高，为 51.95%。家庭就业与收入状况对中国城市家庭碳排放差异性的贡献度为 24.31%。家庭负担对中国城市家庭碳排放差异性的贡献度为 8.00%。家庭资产与财富规划对中国城市家庭碳排放差异性的贡献度为 7.95%。

4 家庭特征、消费模式与碳排放

减少家庭碳排放的政策涉及两方面的知识，一是家庭碳排放的来源，二是家庭碳排放的影响因素。然而，分别关注家庭碳排放的来源和影响因素是不够的，更有效的减排政策应指向家庭碳排放的主要来源，同时，找到控制每种来源的方式。因而，需要将家庭碳排放来源和影响因素结合起来，关注家庭消费内容、隐含碳排放以及影响因素三者之间的关系。基于这样的认识，本章在“消费生态”框架（Bin & Dowlatabadi，2005）的基础上，提出“家庭特征—消费模式—隐含碳排放”框架。在此框架下，采用中国城市家庭的调查数据，分析消费内容对家庭碳排放的贡献，并分析家庭特征对各个消费内容的影响。综合两方面的实证结果，评价家庭特征通过消费内容对家庭碳排放的影响，说明产生家庭碳排放差异性的原因。

4.1 分析框架

宾和德莱塔巴迪（Bin & Dowlatabadi，2005）提出的“消费生态”框架是研究家庭碳排放问题的常用框架，该框架包含五个层次的内容：一是文化背景、社会消费观念、技术水平等外部环境变量构成居民消费决策的社会经济背景；二是消费态度、个人偏好、消费动机等个人心理变量影响居民的消费行为；三是家庭规模、收入、所在区域、住房面积等家庭特征变量形成居民消费决策的家庭背景；四是消费者购买各种产品和服务满足个人和家庭的需求，消费行为和生活方式之间相互影响；五是消费行为是人类活动导致能源消耗和碳排放的最终原因。该框架的内容可以概括为：外部环境变量、心理变量和家庭特征变量通过家庭的消费行为影响能源消耗和碳排放。外部环境变量通过家庭特征变量影响家庭消费，心理变量在很大程度上是家庭特征变量影响家庭消费的中间变量。因此，在“消费生态”框架下应该重点关注家庭特征对消费以及碳排放的影响，由此提出“家庭特征—消费模式—家庭碳排放”的分析框架（如图 4-1 所示）。

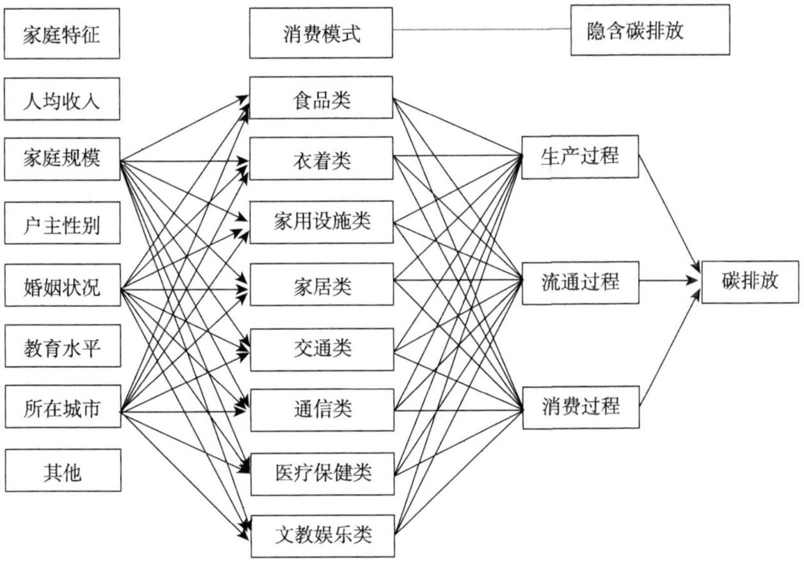

图 4-1　分析家庭碳排放影响因素的
“家庭特征—消费内容—家庭碳排放”框架

（1）家庭特征

在分析家庭消费行为及碳排放的影响因素时，文化背景、社会消费观念、技术水平等外部环境变量通常是长期变量，可以用家庭所在区域来反映。消费态度、个人偏好、消费动机等个人心理变量受外部环境变量和家庭特征变量的影响，实际上是中间变量。因而，包括家庭所在区位在内的家庭特征变量能够在很大程度上决定家庭碳排放的水平。参考戈利和孟颀（Golley & Meng，2012）、布切斯和斯科涅夫（Büchs & Schnepf，2013）对家庭碳排放影响因素的分析，同时，参考第3章对家庭碳排放差异性影响因素的分析，并考虑地区间居民消费文化和消费水平的差异，选取家庭税后收入的自然对数、收入预期、家庭规模、婚姻状况、户主性别、教育水平、就业人员数量、失业人员数量、退休人员数量、学前人口数量、老人数量、赡养老人数量、存款水平、住房套数、汽车拥有量、遗产计划和所在城市等作为反映家庭特征的因素。

（2）消费模式

消费模式包涵消费行为、生活方式、消费规模和消费结构等。家庭的消费行为和生活方式决定了家庭消费的规模和结构，进而决定了家庭的消费内容。消费模式因而可以用家庭各类消费的支出情况来反映。

消费内容分为食品、衣着、家用设施、医疗保健、居住、交通、通信、文教娱乐等大类。在每一类消费的碳排放强度相差不大的情况下，各类消费的支出情况决定了家庭的碳排放水平。

家庭特征影响家庭的消费行为和生活方式，进而影响家庭的消费内容，并通过消费内容最终影响家庭的碳排放。因此，消费模式是家庭特征影响家庭碳排放的必经环节。

（3）家庭碳排放

消费者购买的产品和服务中隐含了该产品或服务在生产和供应的各个环节产生的能源消耗和碳排放（Bin & Dowlatabadi，2005；Wei et al，2007）。对任意一个家庭，某类消费的隐含碳排放为该类消费的金额与碳排放强度的乘积，家庭总的隐含碳排放为家庭各类消费碳排放的总和（Liu et al，2011）。

4.2　数据来源与变量说明

4.2.1　数据来源

采用清华大学金融研究中心 2011 年开展的全国消费金融调查数据，共包含 5 746 个有效的家庭样本（数据说明参考本书 3. 1. 2 节）。

4.2.2　变量说明

（1）家庭消费支出与家庭碳排放

被解释变量包括家庭人均碳排放以及家庭各类消费的人均支出。我们选取的样本家庭各类消费支出的描述性统计如表 4-1 所示。根据刘文玲等（Liu et al，2011）核算的中国城镇居民各类消费的金额和隐含碳排放的数据，计算出各类消费的隐含碳排放强度（如表 4-2 所示）。结合家庭各类消费支出的数额，进一步通过公式（3. 1）和公式（3. 2）估算出家庭各类消费的隐含碳排放和总的碳排放。

表 4-1　样本家庭各类消费支出的描述性统计

碳排放来源	变量名	样本量	平均值	标准差	最小值	最大值
食品	*perfood*	5 746	570. 99	1 379. 619	0	52 500. 00
衣着	*percloth*	5 746	231. 48	684. 59	0	16 666. 67
家用设施	*perappliance*	5 746	161. 15	877. 47	0	33 333. 33
居住	*perhousing*	5 746	166. 16	442. 83	0	15 000. 00
通信	*percommunication*	5 746	82. 36	163. 03	0	5 000. 00
交通	*pertransport*	5 746	124. 30	390. 56	0	15 000. 00
医疗保健	*permedical*	5 746	63. 92	216. 51	0	6 666. 67
文教娱乐	*perrecreation*	5 746	170. 98	734. 53	0	30 000. 00

（2）家庭特征变量

根据本章分析框架中对家庭特征的选择，设置家庭人均税后收入的自然对数、收入预期、家庭规模、婚姻状况、户主性别、教育水平、就业人员数量、失业人员数量、退休人员数量、学前人口数量、老人数量、赡养老人数量、存款水平、住房套数、汽车拥有量、遗产计划和所在城市作为解释变量，解释变量的说明参考表 3-5。家庭特征变量的描述性统计如表 4-3 所示，相关系数矩阵如表 4-4 所示，方差膨胀因子（VIF）如表 4-5 所示。除家庭所在城市（j. cities）外，所有家庭特征变量相关系数的绝对值均不高于 0.5，方差膨胀因子（VIF）不高于 10，说明家庭特征变量之间不存在影响回归结果的共线性问题。

表 4-2　中国城镇居民各类消费的隐含碳排放强度

支出类型	消费额（10 亿元）	隐含碳排放（Mt）	隐含碳排放强度（kg/元）
食品类	2 133.81	71.9	0.033 695 596
衣着、家用设备与医疗保健类	908.09	64.47	0.070 995 166
居住类	262.07	74.08	0.282 672 568
交通通信类	524.15	33.60	0.064 103 787
文教娱乐类	336.24	13.26	0.039 436 117
杂项类	3 059.17	136.94	0.044 763 776
所有商品	7 223.54	394.24	0.054 577 119

资料来源：刘文玲等（Liu et al，2011）。

表 4-3　家庭特征变量的描述性统计

Variable	Obs	Mean	Std. Dev.	Min	Max
lnperincome	5 746	7.670 413	1.141 867	4.135 167	19.847 8
incomeexpect	5 746	3.503 829	0.833 003	0	5
size	5 746	3.472 329	1.433 656	1	18
marriage	5 746	0.665 681	0.471 793	0	1
gender	5 746	0.474 765	0.499 406	0	1
education	5 746	2.512 182	0.785 159	1	5
employment	5 746	2.001 566	1.017 598	0	10

续表

Variable	Obs	Mean	Std. Dev.	Min	Max
unemployment	5 746	0. 150 017	0. 474 353	0	5
retired	5 746	0. 629 307	0. 915 434	0	6
preeducation	5 746	0. 174 904	0. 421 614	0	5
elders	5 746	0. 722 590	0. 969 851	0	6
elderstosupport	5 746	1. 836 495	1. 431 623	0	9
deposit	5 746	4. 850 505	4. 014 022	1	19
ownhouse	5 746	6. 718 761	4. 570 110	1	17
owncar	5 746	2. 584 058	3. 168 145	1	17
heritageplan	5 746	0. 191 786	0. 393 740	0	1

注：反映收入的变量采取人均税后收入自然对数的形式。

表 4-4 家庭特征变量的相关系数矩阵

	lnperincome	*incomeexpect*	*size*	*marriage*	*gender*	*education*	*employment*	*unemployment*
lnperincome	1							
incomeexpect	0. 141 7	1						
size	-0. 266 5	0. 012 6	1					
marriage	-0. 100 4	-0. 082 9	0. 199 8	1				
gender	0. 070 8	0. 067 6	0. 045 3	-0. 087 9	1			
education	0. 252 7	0. 121 4	-0. 0565	-0. 224 7	0. 081 6	1		
employment	-0. 083 8	0. 083 9	0. 517 0	0. 004 4	0. 043 1	0. 076 8	1	
unemployment	-0. 154 2	-0. 023 5	0. 265 9	0. 051 5	0. 029 2	-0. 160 5	-0. 071 2	1
retired	-0. 092 6	-0. 037 2	0. 420 3	0. 053 2	0. 030 2	0. 006 8	-0. 141 9	-0. 095 6
preeducation	-0. 064 8	0. 000 3	0. 304 2	0. 215 3	0. 011 5	0. 000 1	0. 038 7	0. 100 3
elders	-0. 115 5	0. 007 1	0. 493 2	-0. 152 1	0. 076 1	0. 140 0	0. 174 3	0. 143 1
elderstosupport	-0. 007 6	0. 047 3	0. 281 5	0. 162 3	0. 019 2	0. 211 3	0. 130 1	0. 054 1
deposit	0. 138 5	0. 030 8	0. 002 5	0. 132 4	-0. 009 9	0. 043 4	0. 006 9	-0. 068 3
ownhouse	0. 315 1	0. 074 2	0. 044 2	0. 089 8	0. 047 4	0. 219 5	0. 052 0	-0. 096 4
owncar	0. 318 3	0. 095 0	0. 098 9	0. 094 0	0. 059 5	0. 229 2	0. 087 7	-0. 038 8
heritageplan	0. 021 8	0. 013 7	0. 086 2	-0. 044 6	0. 039 7	0. 081 4	0. 057 0	0. 001 6

续表

	retired	*preeducation*	*elders*	*elderstosu~t*	*deposit*	*ownhouse*	*owncar*	*heritageplan*
retired	1							
preeducation	0.015 1	1						
elders	0.430 4	0.065 5	1					
elderstosupport	0.108 5	0.156 3	0.313 4	1				
deposit	0.037 8	−0.029 2	−0.042 4	0.024 6	1			
ownhouse	0.129 1	0.004 3	0.043 0	0.060 7	0.234 1	1		
owncar	0.027 3	0.042 0	0.050 9	0.159 4	0.214 7	0.414 4	1	
heritageplan	0.029 7	0.007 6	0.100 1	0.037 1	0.020 4	0.066 5	0.081 1	1

注：反映收入的变量采取人均税后收入自然对数的形式。

表 4-5　家庭人均碳排放潜在影响因素的方差膨胀因子（VIF）分析

Variable	VIF	1/VIF	Variable	VIF	1/VIF
lnperincome	1.43	0.700 968	5	6.26	0.159 820
incomeexpect	1.08	0.927 956	6	2.51	0.397 903
size	4.17	0.239 646	7	2.94	0.340 145
marriage	1.43	0.697 700	8	2.58	0.387 808
gender	1.06	0.944 474	9	5.25	0.190 466
education	1.39	0.717 140	10	3.44	0.290 352
employment	2.41	0.415 415	11	3.05	0.327 726
unemployment	1.47	0.678 204	12	3.35	0.298 158
retired	2.28	0.439 331	13	2.63	0.380 829
preeducation	1.26	0.796 152	14	1.88	0.532 189
elders	1.77	0.564 668	15	7.28	0.137 403
elderstosupport	1.35	0.739 211	16	6.57	0.152 121
deposit	1.16	0.862 678	17	2.32	0.430 291
ownhouse	1.63	0.614 742	18	2.78	0.359 483
owncar	1.43	0.699 834	19	6.36	0.157 162

续表

Variable	VIF	1/VIF	Variable	VIF	1/VIF
heritageplan	1. 05	0. 951 791	20	5. 33	0. 187 558
cities			21	2. 52	0. 397 418
2	2. 30	0. 434 381	22	2. 42	0. 413 156
3	2. 32	0. 430 532	23	7. 62	0. 131 157
4	6. 03	0. 165 829	24	2. 63	0. 380 405
			Mean VIF	2. 99	

注：反映收入的变量采取人均税后收入自然对数的形式。

4.3 计量模型与分析方法

4.3.1 各类消费对家庭碳排放的贡献

为分析不同消费内容对家庭碳排放的贡献，构建计量模型（4.1）：

$$\begin{aligned}\ln percarbon_i = &\beta_0 + \beta_{perfood}\ln perfood_i + \beta_{perclothing}\ln perclothing_i + \\ &\beta_{perappliance}\ln perappiliance_i + \beta_{perhousing}\ln perhousing_i + \\ &\beta_{percommunication}\ln percommunication_i + \beta_{pertransport}\ln perthansport_i + \\ &\beta_{permedical}\ln permedical_i + \beta_{perrecreation}\ln perrecreation_i + u \end{aligned} \tag{4.1}$$

式中：$\ln percarbon_i$ 为第 i 个家庭人均隐含碳排放的对数；$\ln perfood_i$、$\ln perclothing_i$、$\ln perappiliance_i$、$\ln perhousing_i$、$\ln percommunication_i$、$\ln perthansport_i$、$\ln permedical_i$ 和 $\ln perrecreation_i$ 分别为第 i 个家庭人均食品、衣着、家用设施、居住、通信、交通、医疗保健和文教娱乐类消费的对数；β_0 代表常数项；u 代表残差项。

家庭人均隐含碳排放和家庭各类消费的人均值在计量模型（4.1）中均为采取对数的形式，说明解释变量的系数为家庭各类消费的人均值对家庭人均隐含碳排放的弹性。

4.3.2 家庭特征对各类消费的影响

为分析家庭特征对家庭食品类消费的影响，构建计量模型（4.2）：

$$\begin{aligned}\ln perfood_i = {} & \beta_0 + \beta_{\ln perincome} \ln perincome_i + \beta_{incomeexpect}\, incomeexpect_i + \\ & \beta_{size}\, size_i + \beta_{marriage}\, marriage_i + \beta_{gender}\, gender_i + \\ & \beta_{education}\, education_i + \beta_{employment}\, employment_i + \beta_{unemployment}\, unemployment_i + \\ & \beta_{retired}\, retired_i + \beta_{preeducation}\, preeducation_i + \beta_{elders}\, elders_i + \\ & \beta_{elderstosupport}\, elderstosupport_i + \beta_{deposit}\, deposit_i + \beta_{ownhouse}\, ownhouse_i + \\ & \beta_{owncar}\, owncar_i + \beta_{heritageplan}\, heritageplan_i + \beta_{j.cities}\, j.cities_i + u \end{aligned} \tag{4.2}$$

式中：$perfood$ 代表家庭人均食品类支出；β_0 代表常数项；u 代表残差项；解释变量分别为家庭人均税后收入的自然对数、收入预期、家庭规模、婚姻状况、户主性别、教育水平、就业人员数量、失业人员数量、退休人员数量、学前人口数量、老人数量、赡养老人数量、存款水平、住房套数、汽车拥有量、遗产计划和所在城市，解释变量的含义如表 3-5 所示。

使计量模型（4.2）的解释变量不变，分别用家庭人均衣着、家用设施、居住、通信、交通、医疗保健和文教娱乐类支出替代家庭人均食品类支出作为被解释变量，得到相应的计量模型，用于分析家庭特征对家庭各类消费的影响。

4.3.3 家庭特征通过消费内容对隐含碳排放的影响评价

根据各类消费对家庭碳排放的贡献以及家庭特征对各类消费的影响，可以分析家庭特征通过各类消费对家庭碳排放产生的影响。

根据计量模型（4.1），假设其他因素不变，食品类消费对家庭碳排放的影响为：

$$\frac{dpercarbon}{percarbon} = \beta_{perfood} \times \frac{dperfood}{perfood} \tag{4.3}$$

式中：$\beta_{perfood}$ 为家庭人均食品类消费对人均隐含碳排放的弹性，通过对模型（4.2）的估计获得。

根据计量模型（4.2），假设其他因素不变，收入对家庭食品类消费隐含碳排放的影响为：

$$\frac{dperfood}{perfood}=\beta_{perincome}\times\frac{dperincome}{perincome} \tag{4.4}$$

式中：$\beta_{perincome}$ 为家庭人均收入对人均食品类消费的弹性，通过对计量模型（4.2）的估计获得。

结合模型（4.3）和模型（4.4），收入通过食品类消费对家庭碳排放的影响为：

$$\frac{dpercarbon}{percarbon}=\beta_{perfood}\times\beta_{perincome}\times\frac{dperincome}{perincome} \tag{4.5}$$

类似地，可以得到收入通过其他各类消费影响家庭碳排放的模型。

根据计量模型（4.2），假设其他因素不变，教育水平对家庭食品类消费隐含碳排放的影响为：

$$\frac{dperfood}{perfood}=\beta_{education}\times deducation \tag{4.6}$$

式中：$\beta_{education}$ 的取值通过对计量模型（4.2）的估计获得。

结合模型（4.5）和模型（4.6），可以得到教育水平通过食品类消费对家庭碳排放的影响：

$$\frac{dpercarbon}{percarbon}=\beta_{perfood}\times\beta_{education}\times deducation \tag{4.7}$$

类似地，可以得到收入预期、家庭规模、婚姻状况、户主性别、就业人员数量、失业人员数量、退休人员数量、学前人口数量、老人数量、赡养老人数量、存款水平、住房套数、汽车拥有量和遗产计划等家庭特征变量通过各类消费影响家庭碳排放的模型。

4.4 实证结果及分析

4.4.1 家庭对各类消费隐含碳排放贡献的差异

表4-6为计量模型（4.1）的实证结果，显示了家庭不同消费内容对

家庭碳排放的影响。由表 4-6 可知，家庭食品、衣着、通信和家居类消费对家庭碳排放的影响较大，弹性系数分别为 0. 287、0. 172、0. 146 和 0. 223，即家庭食品、衣着、通信和家居类消费每变化 1%，分别导致家庭碳排放发生 0. 287%、0. 172%、0. 146%和 0. 223%的变化，而家用设施、交通、医疗保健和文教娱乐类消费对家庭碳排放的影响较小，弹性系数均在 0. 07%以下。这说明，各类消费同样比例的变化对家庭碳排放的影响存在很大差异，家庭节能减排政策应该对各类消费内容予以不同重视。

表 4-6　各类消费对家庭碳排放的贡献

VARIABLES	lnpercarbon
lnperfood	0. 287 0***
	(0. 006 73)
lnpercloth	0. 172 0***
	(0. 004 94)
lnperappliance	0. 034 8***
	(0. 003 39)
lnperhousing	0. 223 0***
	(0. 003 23)
lnpercommunication	0. 146 0***
	(0. 007 26)
lnpertransport	0. 062 8***
	(0. 004 35)
lnpermedical	0. 011 7***
	(0. 002 57)
lnperrecreation	0. 023 3***
	(0. 002 71)
Constant	-0. 220 0***
	(0. 035 3)
Observations	5 746
R-squared	0. 828 0

4.4.2 家庭特征对各类消费的不同影响

表 4-7 展示了家庭特征对家庭各类消费内容的影响。由表 4-7 可以看出，家庭人均收入、收入预期、存款水平、住房套数和汽车拥有量等收入和财产因素对家庭大多数消费类型具有正向影响。家庭规模对家庭各类消费均有负向影响。婚姻状态对家庭食品、衣着、医疗保健和文教娱乐类消费有显著影响，对其他类型消费的影响不显著，已婚家庭的食品类和医疗保健类消费较高，未婚家庭衣着和文教娱乐类消费较高。户主性别对家庭的家居类、通信类、交通类和文教娱乐类消费有显著影响，对其他类型消费的影响不显著，户主性别为男性时，家庭家居类、通信类、交通类和文教娱乐类消费较高。教育水平对家庭衣着类、家用设施类、通信类、交通类和文教娱乐类消费有显著的正向影响，对家庭食品类和医疗保健类消费的影响显著为负，对家居类消费的影响不显著。家庭成员的年龄构成和就业状态以及家庭所在城市也对家庭各类消费产生不同影响。这说明，家庭特征能够通过对各个消费类型的不同作用影响家庭碳排放，根据家庭特征实施的减排政策应该在不同消费领域有所差异。

4.4.3 家庭特征通过消费内容对隐含碳排放的影响

根据模型（4.5）和模型（4.7），可以得到收入和教育水平通过消费内容对家庭碳排放的影响，类似地，得到收入预期、家庭规模、婚姻状况、户主性别、就业人员数量、失业人员数量、退休人员数量、学前人口数量、老人数量、赡养老人数量、存款水平、住房套数、汽车拥有量和遗产计划等家庭特征变量通过各个消费类型对家庭碳排放的影响（如表 4-8 所示）。

表 4-7　家庭特征对家庭各类消费内容的影响

VARIABLES	(1) *lnperfood*	(2) *lnpercloth*	(3) *lnperappliance*	(4) *lnperhousing*	(5) *lnpercommunication*	(6) *lnpertransport*	(7) *lnpermedical*	(8) *lnperrecreation*
lnperincome	0. 126 ***	0. 155 ***	0. 156 ***	0. 163 ***	0. 125 ***	0. 144 ***	0. 178 ***	0. 260 ***
	(0. 009 5)	(0. 014 4)	(0. 020 7)	(0. 019 6)	(0. 010 5)	(0. 016 0)	(0. 025 1)	(0. 025 1)
incomeexpect	0. 018 7 *	0. 123 0 ***	0. 118 0 ***	0. 048 8 **	0. 068 3 ***	0. 092 4 ***	−0. 012 0	0. 153 0 ***
	(0. 011 3)	(0. 017 1)	(0. 024 6)	(0. 023 4)	(0. 012 5)	(0. 019 0)	(0. 029 9)	(0. 029 9)
size	−0. 189 ***	−0. 181 ***	−0. 136 ***	−0. 165 ***	−0. 182 ***	−0. 195 ***	−0. 0831 **	−0. 194 ***
	(0. 012 9)	(0. 019 6)	(0. 028 2)	(0. 026 7)	(0. 014 2)	(0. 021 7)	(0. 034 2)	(0. 034 2)
marriage	0. 058 7 **	−0. 278 0 ***	0. 059 6	0. 062 9	−0. 028 3	−0. 025 3	0. 341 0 ***	−0. 290 0 ***
	(0. 023 0)	(0. 034 8)	(0. 050 2)	(0. 047 5)	(0. 025 4)	(0. 038 7)	(0. 060 9)	(0. 060 9)
gender	0. 017 1	−0. 043 5	0. 042 9	0. 105 0 ***	0. 035 0 *	0. 058 1 *	−0. 041 4	0. 203 0 ***
	(0. 018 6)	(0. 028 3)	(0. 040 7)	(0. 038 6)	(0. 020 6)	(0. 031 4)	(0. 049 4)	(0. 049 4)
education	−0. 031 1 **	0. 283 0 ***	0. 175 0 ***	−0. 002 38	0. 081 7 ***	0. 262 0 ***	−0. 164 0 ***	0. 312 0 ***
	(0. 013 6)	(0. 020 6)	(0. 029 7)	(0. 028 2)	(0. 015 0)	(0. 022 9)	(0. 036 1)	(0. 036 1)
employment	−0. 007 7	0. 063 8 ***	0. 006 7	−0. 014 9	0. 031 9 **	0. 049 1 **	−0. 041 2	0. 080 5 **
	(0. 013 8)	(0. 020 9)	(0. 030 1)	(0. 028 6)	(0. 015 2)	(0. 023 3)	(0. 036 6)	(0. 036 6)
unemployment	−0. 037 7	0. 006 7	−0. 052 3	−0. 042 6	−0. 040 4	−0. 079 5 **	0. 001 3	−0. 050 6
	(0. 023 2)	(0. 035 1)	(0. 050 6)	(0. 048 0)	(0. 025 6)	(0. 039 1)	(0. 061 4)	(0. 061 4)
retired	0. 004 8	−0. 044 2 *	−0. 105 0 ***	0. 015 4	−0. 044 4 ***	−0. 065 2 ***	0. 058 3	−0. 060 1
	(0. 014 9)	(0. 022 6)	(0. 032 6)	(0. 030 9)	(0. 016 5)	(0. 025 1)	(0. 039 5)	(0. 039 6)
preeducation	0. 095 1 ***	0. 063 2 *	0. 019 9	0. 106 0 **	0. 086 0 ***	0. 093 7 **	0. 145 0 **	0. 145 0 **
	(0. 024 1)	(0. 036 5)	(0. 052 5)	(0. 049 8)	(0. 026 6)	(0. 040 6)	(0. 063 8)	(0. 063 8)

续表

VARIABLES	(1) *lnperfood*	(2) *lnpercloth*	(3) *lnperappliance*	(4) *lnperhousing*	(5) *lnpercommunication*	(6) *lnpertransport*	(7) *lnpermedical*	(8) *lnperrecreation*
elders	-0.024 1 *	-0.024 8	0.055 3 **	-0.086 1 ***	0.012 3	0.035 6 *	0.055 6 *	-0.026 7
	(0.012 4)	(0.018 8)	(0.027 1)	(0.025 7)	(0.013 7)	(0.020 9)	(0.032 9)	(0.032 9)
elderstosupport	0.004 7	0.076 3 ***	0.040 3 **	0.005 6	0.020 4 **	0.057 9 ***	-0.020 9	0.134 ***
	(0.007 35)	(0.011 2)	(0.016 1)	(0.015 2)	(0.008 13)	(0.012 4)	(0.019 5)	(0.019 5)
deposit	0.010 5 ***	0.011 6 ***	0.019 8 ***	0.012 0 **	0.013 5 ***	0.018 6 ***	0.030 1 ***	0.023 1 ***
	(0.002 43)	(0.003 68)	(0.005 30)	(0.005 03)	(0.002 68)	(0.004 09)	(0.006 44)	(0.006 44)
ownhouse	0.009 7 ***	0.024 0 ***	0.027 2 ***	-0.060 1 ***	0.009 90 ***	0.014 0 ***	0.016 7 **	0.027 5 ***
	(0.002 53)	(0.003 83)	(0.005 52)	(0.005 23)	(0.002 79)	(0.004 26)	(0.006 70)	(0.006 70)
owncar	0.022 0 ***	0.055 6 ***	0.052 3 ***	0.038 6 ***	0.039 1 ***	0.109 0 ***	0.022 0 **	0.089 2 ***
	(0.003 42)	(0.005 18)	(0.007 46)	(0.007 07)	(0.003 77)	(0.005 76)	(0.009 05)	(0.009 06)
heritageplan	-0.008 5	0.129 0 ***	0.210 0 ***	-0.007 7	0.090 9 ***	0.039 6	0.063 2	0.092 8
	(0.023 6)	(0.035 7)	(0.051 5)	(0.048 8)	(0.026 0)	(0.039 7)	(0.062 5)	(0.062 5)
i. cities	—	—	—	—	—	—	—	—
	(-)	(-)	(-)	(-)	(-)	(-)	(-)	(-)
Constant	4.843 0 ***	2.066 0 ***	1.091 0 ***	2.902 0 ***	2.674 0 ***	1.176 0 ***	1.416 0 ***	-0.418 0
	(0.118)	(0.179)	(0.258)	(0.244)	(0.130)	(0.199)	(0.313)	(0.313)
Observations	5 746	5 746	5 746	5 746	5 746	5 746	5 746	5 746
R-squared	0.306 0	0.334 0	0.165 0	0.141 0	0.289 0	0.356 0	0.086 0	0.241 0

表 4-8　家庭特征通过消费内容对隐含碳排放的影响

因素	*food*	*cloth*	*appliance*	*housing*	*communication*	*transport*	*medical*	*recreation*
lnperincome	0. 036 162	0. 026 660	0. 005 429	0. 036 349	0. 018 250	0. 009 043	0. 002 083	0. 006 058
incomeexpect	0. 005 367	0. 021 156	0. 004 106	0. 010 882	0. 009 972	0. 005 803		0. 003 565
size	-0. 054 240	-0. 031 130	-0. 004 730	-0. 036 800	-0. 026 570	-0. 012 250	-0. 000 970	-0. 004 520
marriage	0. 0168 47	-0. 047 820					0. 003 990	-0. 006 760
gender				0. 023 415	0. 005 110	0. 003 649		0. 004 730
education	-0. 008 930	0. 048 676	0. 006 090		0. 011 928	0. 016 454	-0. 001 92	0. 007 270
employment		0. 010 974			0. 004 657	0. 003 083		0. 001 876
unemployment						-0. 004 990		
retired		-0. 007 600	-0. 003 650		-0. 006 480	-0. 004 090		
preeducation	0. 027 294	0. 010 870		0. 023 638	0. 012 556	0. 005 884	0. 001 697	0. 003 379
elders	-0. 006 920		0. 001 924	-0. 019 200		0. 002 236	0. 000 651	
elderstosupport		0. 013 124	0. 001 402		0. 002 978	0. 003 636		0. 003 122
deposit	0. 003 014	0. 001 995	0. 000 689	0. 002 676	0. 001 971	0. 001 168	0. 000 352	0. 000 538
ownhouse	0. 002 787	0. 004 128	0. 000 947	-0. 013 400	0. 001 445	0. 000 879	0. 000 195	0. 000 641
owncar	0. 006 314	0. 009 563	0. 001 820	0. 008 608	0. 005 709	0. 006 845	0. 000 257	0. 002 078
heritageplan		0. 022 188	0. 007 308		0. 013 271			

图 4-2 反映家庭人均税后收入、收入预期、存款水平、住房套数和汽车拥有量等收入和财产因素通过各个消费类型对家庭碳排放的影响。可以看出，家庭人均税后收入、收入预期、存款水平和汽车拥有量主要通过食品类、家居类、衣着类和交通类、通信类消费对家庭碳排放产生较大的正向影响，通过家用设备、用品及服务类和文教娱乐类消费对家庭碳排放产生的正向影响较小，通过医疗保健类消费对家庭碳排放产生的正向影响最小。住房套数通过食品类、衣着类以及交通通信类消费对家庭碳排放产生一定的正向影响，但却会通过减少家居类消费对家庭碳排放产生较大的负向影响。

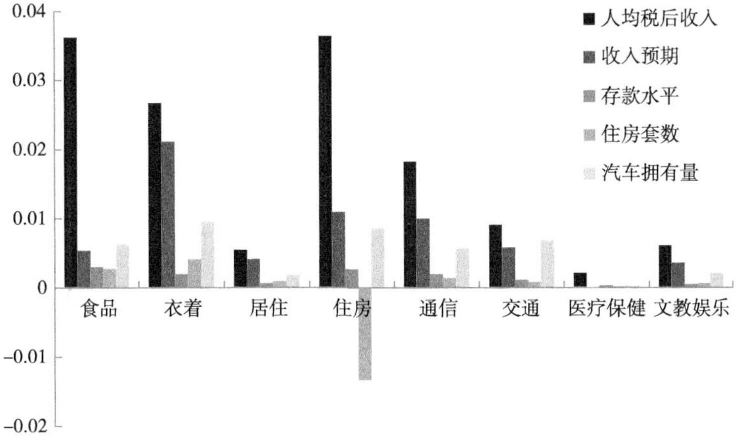

图 4-2 收入和家庭规模通过各类消费对家庭碳排放的影响

图 4-3 反映婚姻状况、户主性别、教育水平和遗产规划通过各类消费对家庭碳排放的影响。可以看出，婚姻状况主要通过食品类和衣着类消费影响家庭碳排放，已婚家庭因食品类消费的增加具有更多的碳排放，未婚家庭衣着类消费产生较多隐含碳排放。户主性别主要通过家居类、通信类、交通类和文教娱乐类消费对家庭碳排放产生正向影响。教育水平高的家庭因衣着类、交通类、通信类以及食品类和文教娱乐类消费的增加而具

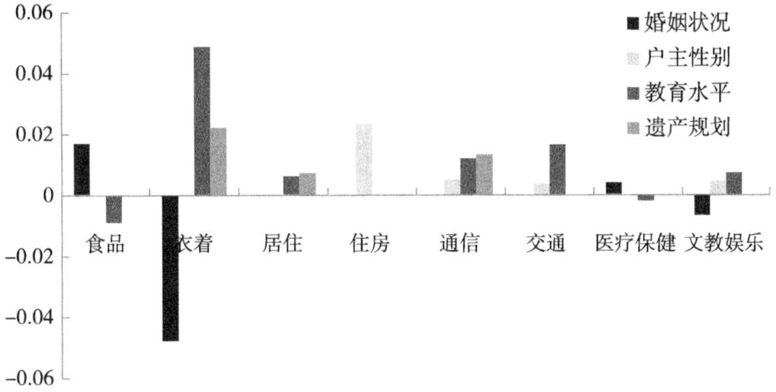

图 4-3 婚姻状况、户主性别、教育水平和遗产计划通过各类消费对家庭碳排放的影响

有较高的隐含碳排放，教育水平的上升会导致这类消费增加并显著增加家庭碳排放。有遗产规划的家庭财产状况较好，会因具有较高的衣着类、通信类和家用设施类、用品类及服务类消费而具有较高的碳排放。

图 4-4 反映家庭成员年龄和就业状况通过各类消费对家庭碳排放的影响。可以看出，学前人口数量通过家用设备以外的所有消费类型对家庭碳排放产生正向影响，其中，通过食品类、家居类、衣着类和交通类、通信类消费对家庭碳排放产生的影响较大。老年人口因食品类和家居类消费较低而使家庭具有较低的碳排放。需要赡养老人的家庭一般是劳动人口较多、经济状况较好的家庭，因具有较高的衣着类、交通类、通信类和文教娱乐类消费而具有较高的碳排放。就业人员多的家庭通过衣着类、交通类、通信类和文教娱乐类消费对家庭碳排放产生正向影响。退休人员多的家庭因衣着类、家用设施类、用品类及服务类和交通类、通信类消费较低对家庭碳排放有负向影响。失业人员多的家庭因交通类消费较低对家庭碳排放有负向影响。

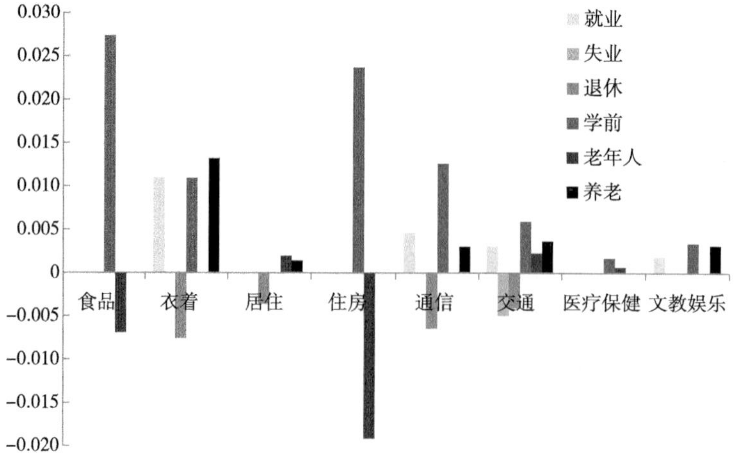

图 4-4　家庭成员年龄和就业状况通过各类消费对家庭碳排放的影响

4.5 本章小结

本章提出的“家庭特征—消费模式—家庭碳排放”框架，能够说明家庭特征如何通过各类消费对家庭碳排放产生影响。该框架是对“消费生态”框架的简化和拓展，使基于“消费生态”的家庭节能减排政策能够针对特定家庭的重点消费领域，从而较易实施并更加有效。通过将该框架应用于中国城市家庭碳排放分析，得出以下结论。

①各类消费对家庭碳排放的贡献不同。食品类、衣着类、通信类和家居类消费对家庭碳排放的贡献较大，这类消费主要是生存型消费，说明中国家庭的隐含碳排放主要来源于满足生存型消费的生产活动。从节能减排的角度看，通过生产环节的减排降低生存型消费的隐含碳排放强度，以及引导居民在传统消费领域改用“低碳”产品，将对家庭节能减排起到显著作用，应该成为节能减排政策关注的重点。家用设施类、交通类、医疗保健类和文教娱乐类消费当前对家庭碳排放的贡献较小，但这类消费是主要的需求增长点，在内需扩大的背景下，降低这类消费的隐含碳排放强度有助于中国经济走上低碳发展之路。

②家庭特征对家庭各类消费的影响存在差异。收入和家庭规模对各类消费均有影响，但影响系数不同，教育水平、户主性别和婚姻状况只对部分消费内容有影响。家庭特征通过对消费内容的不同作用影响家庭碳排放，导致家庭碳排放产生差异性。根据本章的分析结果，收入高、规模小的家庭的食品类、衣着类、家居类和通信类消费，教育水平高的家庭的衣着类和交通类、通信类消费，已婚家庭的食品类消费以及未婚家庭的衣着类消费，应该成为家庭节能减排政策关注的重点。

中国经济社会的快速发展使人们的收入持续增加，家庭规模越来越小，教育水平不断上升，这些变化某种程度上改善了人们生活的质量，但与之相随的消费的增加也会导致温室气体等污染物的增加。本章从家庭“消费生态”角度为认识节能减排提供了一种新的框架，该框架同样能够用于分析其他污染物的减排。

5　家庭碳资产的属性与分类动态度量

本章基于碳资产概念和家庭碳排放的差异性提出家庭碳资产的概念。根据家庭碳资产的特征讨论家庭碳资产①的几个属性并提出家庭碳资产的度量原理。进而根据家庭碳资产的不确定性、不同消费内容隐含的家庭碳排放的差异以及时间因素，探讨不确定条件下家庭碳资产的分类度量和动态度量方法。最后分析家庭碳资产价值的动态演化特征和灵敏度分析，并提出家庭碳资产价值的蒙特卡洛模拟方法。

5.1　家庭碳资产的概念

碳资产的定义有三种：一是指具有价值属性的对象（如企业、技术、项目、自然资源等）所具有或潜藏的减排能力，这里的碳资产仍然是传统意义上的资产概念，只是具有了低碳、减碳的属性。二是指某一对象的碳排放水平相对基准水平的高低，实际碳排放水平低于基准水平产生碳资产，高于基准水平产生碳负债，这里的碳资产或碳负债实际上是相对碳排放水平的概念。三是指某一对象产生的碳排放额度低于基准水平规定的额度时将会带来的现金流入，这里的碳资产用来衡量该对象碳排放或减排行为的价值。碳金融在实践方面的发展使碳排放逐渐具备了独立的资产属性，碳资产第一种定义显示出明显的局限性。碳资产的第二种定义实际上

① 与家庭碳资产相对应的一个概念是家庭碳负债，它们是一个硬币的两面。本书主要论述家庭碳资产的特征，根据家庭碳资产的特征可以较容易归纳出家庭碳负债的特征。

相对碳排放水平的概念，并不具有资产的实质。碳资产的第三种定义是在第一种定义和第二种定义的基础上产生的，第三种定义下的碳资产实际隐含了单位碳汇价值对碳排放价值的影响。基于碳资产的第三种定义，本章提出家庭碳资产的概念。

不同家庭的碳排放水平及其来源和影响因素存在差异，这种异质性决定了家庭减排目标和减排能力的差异。一方面，家庭在减排过程中需要承担不同的责任，另一方面，完成相同的减排目标，不同家庭需要支付的成本不同。在履行减排责任时，部分家庭能够较好地完成减排任务，而另一些家庭要实现减排目标则存在困难。通过家庭碳排放交易系统或其他减排机制，超额完成减排任务的家庭可以获得经济补偿，未能完成减排任务的家庭需要付出一定的经济代价。家庭碳排放配额交易系统还可以向其他减排机制开放，以实现不同交易系统中家庭碳排放配额价值的转移。如果一个家庭碳排放交易系统中的家庭整体上不能够完成减排目标，则这个系统中的家庭可以从其他减排系统购买配额；如果一个家庭碳排放交易系统中的家庭整体上超额完成减排目标，则这个系统中的家庭可以将多余的减排份额出售给其他减排系统。由于能够用于交易并从中获得收入，或者需要通过购买并支付成本，家庭碳排放配额因而具有价值属性，这就产生了家庭碳资产或家庭碳负债的概念。家庭碳资产是指家庭碳排放水平低于基准水平给家庭带来的现金流的价值。相应的，家庭碳负债指的是家庭的碳排放水平高于基准水平使家庭现金流出所对应的价值。

5.2 家庭碳资产的属性

家庭碳资产的属性包括节能减排属性、市场价值属性、社会价值属性、环保信号属性和不确定性五个方面。

5.2.1 节能减排属性

家庭碳资产由家庭碳排放水平和单位碳汇价值决定。由于单位碳汇价值是外生的，家庭碳资产首先直接反映家庭的碳排放水平。同时，因为具有资产属性，家庭碳资产能够形成家庭节能减排的动力机制。一方面，为提供碳资产水平，家庭碳资产低的家庭面临减少碳排放的压力，因而会有动力采取减排措施；另一方面，家庭碳资产高的家庭发现减排行为能够创造价值，会有动力强化减排行为。

5.2.2 市场价值属性

家庭碳资产不仅反映家庭碳排放的水平，同时还反映单位碳汇价值的影响，从而成为家庭碳排放水平的价值度量。在家庭碳资产可度量、家庭碳交易市场形成的条件下，家庭能够通过出售碳资产获得现金收入，同时，碳排放水平高的家庭则需要支付资金购买碳资产。家庭碳资产能够通过市场交易实现其价值。

5.2.3 社会价值属性

家庭碳资产是家庭减排的社会价值的度量。家庭减排行为会直接或间接减少全球二氧化碳等温室气体的排放，从而减弱温室效应，延缓气候变化。家庭碳排放的减少实际上相当于向全社会提供的一种公共品。相反，家庭减排不足也会直接或间接地增加全球二氧化碳等温室气体的排放，给全社会带来负外部性。家庭碳资产概念的产生使家庭碳排放超越自身的物理属性而具有价值属性，从而能够反映家庭超额减排对社会的贡献以及减排不足给社会带来的负担。

家庭碳资产在反映家庭减排行为的社会贡献时包括两个层面的内容。一是家庭减排的效果，表现为家庭实际排放水平和家庭基准排放水平的差异。二是家庭减排行为的社会价值，表现为受单位碳汇价值的影响，同样额度的碳排放可能对应不同的碳资产。单位碳汇价值实际上反映的是每一单位减排份额对社会的边际贡献，相同碳排放水平下，家庭碳资产价值的波动反映家庭减排行为社会价值的变化。

5.2.4 环保信号属性

碳排放和二氧化硫、氮氧化物等其他温室气体排放以及雾霾等空气污染物的排放同根同源，家庭碳排放水平因而能够在一定程度上反映家庭的环境保护水平。家庭碳资产可以作为家庭环境信号的一种，为家庭环保政策，尤其是节能减排政策的制定和实施提供参考。

5.2.5 不确定性

家庭碳资产的价值实现具有多重不确定性。一是在家庭碳交易市场尚不发达的情况下，全球范围内只有少数家庭的部分消费领域的碳资产能够实现市场交易，同时，家庭碳交易市场在部分国家和消费领域的发育会使更多家庭碳资产可以通过市场交易实现价值，这使家庭碳资产的价值实现具有市场不确定性。二是家庭碳排放存在度量上的困难，家庭直接碳排放的度量尚不成熟，间接碳排放的度量还处在起步阶段，消费隐含碳排放度量的技术基础还不完全具备，这使家庭碳资产的价值实现具有技术不确定性。三是相比企业碳交易，家庭碳交易的社会接受度还比较低，同时涉及更多的市场主体，在这种情况下，政府是否愿意推行家庭碳交易政策、何时推行以及能否顺利推行具有不确定性，这直接导致家庭碳资产的价值实现具有政策不确定性。家庭碳资产应该是考虑各种不确定性后的家庭碳排放的市场价值。

5.3 家庭碳资产价值的分类度量与动态度量

5.3.1 家庭碳资产的基本度量方法

碳资产的价值由实际碳排放水平、标准碳排放水平以及单位碳汇价格决定。参考韩立岩、黄古博（2015）评估技术碳资产价值的方法，这里给出家庭碳资产价值的度量公式：

$$V = S \times (M - A/S) \times P \quad (5.1)$$

式中：V 为家庭碳资产价值；S 为家庭规模；M 为个人标准碳排放水平；A 为家庭实际碳排放水平；P 为单位碳汇价值。

当 $M \geq A/S$ 时，V 表示家庭碳资产的价值；当 $M < A/S$ 时，V 表示家庭碳负债的价值。公式（5.1）表明，家庭碳资产的价值由家庭规模、个人标准碳排放水平、家庭实际碳排放水平和单位碳汇价值共同决定。

决定家庭碳资产价值的因素具有各自的特征。家庭规模 S 只在长期内发生变化，评估家庭碳资产在短期内的价值时，可以把家庭规模（S）作为固定值。个人标准碳排放水平（M）通常为社会的人均碳排放标准、公共部门规定的个人碳排放标准或者公益组织建议的个人碳排放标准，根据情境的不同，可能取固定值，也可能是离散变量或连续变量。家庭实际碳排放水平（A）为家庭在一段时期内的人均碳排放水平，包括家庭能源消费产生的直接碳排放、电力消费引致的间接碳排放以及各类型消费内容的隐含碳排放。单位碳汇价值（P）为单位碳排放的市场价值。由于当前碳交易市场不够发达，不同国家的碳交易市场，甚至同一国家不同区域的碳交易市场处于分割状态，同时，不同消费内容产生的碳排放的交易市场一定程度上也处于分割状态，单位碳汇价值（P）应该参考家庭碳排放权的市场交易条件来确定。

5.3.2　不确定条件下家庭碳资产价值的分类度量

由于家庭碳交易市场的发展还处在起步阶段，家庭各类碳排放并不能够完全实现市场交易。实际上，能够实现碳交易的消费类型和市场区域都是逐步扩展的，在扩展过程中，不同消费类型是否能够实施碳交易，以及对应的个人标准碳排放水平存在差异，市场的发育也存在不确定性。在这种情况下，度量家庭碳资产价值的更有效方法是，分别在不确定条件下度量各个消费类型对应的家庭碳资产价值，进而将各类消费对应的碳资产的价值加总计算家庭碳资产的总价值。此外，度量各个消费类型对应的家庭碳资产价值本身也具有重要的理论和现实意义。

假设家庭的消费可以分为 J 种，家庭第 j 类消费的碳排放能够通过市场交易实现价值的概率为 p_j，则家庭第 j 类消费的碳资产价值为：

$$V_j = p_j \times S \times (M_j - A_j/S) \times P_j \tag{5.2}$$

即家庭第 j 类消费的碳资产价值（V_j）由家庭规模（S）、第 j 类消费的人均排放标准（M_j）、第 j 类消费的碳排放通过市场交易实现价值的概率（p_j）、家庭第 j 类消费的实际排放水平（A_j）和第 j 类消费可实现的单位碳汇价值（P_j）共同决定。在这些影响因素中，家庭第 j 类消费的人均排放标准（M_j）主要由外部机构规定，家庭第 j 类消费的单位碳汇价值（P_j）主要由该类消费的碳排放市场交易价格决定，家庭第 j 类消费的实际排放水平（A_j）则主要由家庭自身的购买行为决定。

家庭第 j 类消费的实际排放水平一方面取决于家庭第 j 类消费的规模，记为 C_j，另一方面取决于家庭第 j 类消费的平均碳排放强度，记为 e_j。根据宾和德莱塔巴迪（Bin & Dowlatabadi，2005）提出的核算家庭碳排放的 CLA 方法，可以得到：

$$A_j = C_j \times e_j \tag{5.3}$$

由此可以得到不确定条件下家庭第 j 类消费对应的碳资产的价值估算公式：

$$V_j = p_j \times S \times (M_j - C_j \times e_j/S) \times P_j \tag{5.4}$$

家庭总的碳资产价值为家庭各类消费对应的碳资产价值总和，即：

$$V = \sum_{j=1}^{J} V_j \tag{5.5}$$

从而有：

$$V = \sum_{j=1}^{J} [p_j \times S \times (M_j - C_j \times e_j/S) \times P_j] \tag{5.6}$$

5.3.3 家庭碳资产价值的动态度量

考察家庭资产价值随时间的变化趋势能够为家庭节能减排行为和参与碳交易的动态决策提供参考，同时能够为碳金融投资者的决策以及家庭节能减排政策的制定和动态规划提供更多参考。

为分析家庭总的碳资产价值，首先分析家庭各类消费对应的碳资产价值。家庭第 j 类消费对应的碳资产在时期 t 的估值公式为：

$$V_{j,t} = p_{j,t} \times S \times (M_{j,t} - C_{j,t} \times e_{j,t}/S) \times P_{j,t} \tag{5.7}$$

进而可以得到随时间 t 变化的家庭总碳资产估值公式：

$$V_t = \sum_{j=1}^{J} [p_{j,t} \times S \times (M_{j,t} - C_{j,t} \times e_{j,t}/S) \times P_{j,t}] \tag{5.8}$$

为便于分析，构造：

$$v_{j,t} = V_{j,t}/S \tag{5.9}$$

式中：$v_{j,t}$ 为家庭在 t 时期第 j 类消费对应的人均碳资产的价值。

同时，构造：

$$Q_{j,t} = M_{j,t} - C_{j,t} \times e_{j,t}/S \tag{5.10}$$

则 $Q_{j,t}$ 为时期 t 家庭第 j 类消费对应的人均超额减排量。公式（5.9）由此可以变为：

$$v_{j,t} = p_{j,t} \times Q_{j,t} \times P_{j,t} \tag{5.11}$$

公式（5.8）可以变为如下两个公式：

$$V_t = S \times \sum_{j=1}^{J} v_{j,t} \tag{5.12}$$

$$V_t = S \times \sum_{j=1}^{J} (p_{j,t} \times Q_{j,t} \times P_{j,t}) \tag{5.13}$$

在家庭规模保持稳定的情况下，考察家庭碳资产的人均值具有更重要的理论和现实意义。为此，构造：

$$v_j = V_j/S \tag{5.14}$$

式中：v_j 为家庭在 t 时期人均碳资产的价值。

公式（5.12）和公式（5.13）则可以分别变为：

$$v_t = \sum_{j=1}^{J} v_{j,t} \tag{5.15}$$

$$v_t = \sum_{j=1}^{J} (p_{j,t} \times Q_{j,t} \times P_{j,t}) \tag{5.16}$$

5.4 家庭碳资产价值的动态演化与灵敏度分析

5.4.1 家庭碳资产价值的动态演化

对公式（5.11）两边同时取对数并对时间 t 求导可得：

$$\frac{\dot{v}_{j,t}}{v_{j,t}} = \frac{\dot{p}_{j,t}}{p_{j,t}} + \frac{\dot{Q}_{j,t}}{Q_{j,t}} + \frac{\dot{P}_{j,t}}{P_{j,t}} \tag{5.17}$$

式中：$\dot{v}_{j,t}$ 为家庭第 j 类消费对应的人均碳资产的价值随时间 t 的边际变化量；$\dot{p}_{j,t}$ 为家庭第 j 类消费对应的碳排放实现市场交易的概率随时间 t 的边际变化量；$\dot{P}_{j,t}$ 为第 j 类消费可实现的单位碳汇价值随时间 t 的边际变化量；$\frac{\dot{v}_{j,t}}{v_{j,t}}$、$\frac{\dot{p}_{j,t}}{p_{j,t}}$、$\frac{\dot{Q}_{j,t}}{Q_{j,t}}$ 和 $\frac{\dot{P}_{j,t}}{P_{j,t}}$ 分别为 $v_{j,t}$、$p_{j,t}$、$Q_{j,t}$ 和 $P_{j,t}$ 的变化率。

根据公式（5.15）可得：

$$\dot{v}_t = \sum_{j=1}^{J} \dot{v}_{j,t} \tag{5.18}$$

进而得到：

$$\frac{\dot{v}_t}{v_t} = \sum_{j=1}^{J} \left(\frac{v_{j,t}}{v_t} \times \frac{\dot{v}_{j,t}}{v_{j,t}} \right) \tag{5.19}$$

公式（5.19）说明，家庭总碳资产价值变化率受家庭各类消费对应的人均碳资产的价值变化率及家庭各类消费对应的人均碳资产的价值占家庭总的碳资产价值比例的影响。

将公式（5.17）带入公式（5.20）可以得到：

$$\frac{\dot{v}_t}{v_t} = \sum_{j=1}^{J}\left[\frac{v_{j,t}}{v_t} \times \left(\frac{\dot{p}_{j,t}}{p_{j,t}} + \frac{\dot{Q}_{j,t}}{Q_{j,t}} + \frac{\dot{P}_{j,t}}{P_{j,t}}\right)\right] \tag{5.20}$$

公式（5.20）说明，家庭总碳资产价值变化率受家庭各类消费对应的人均碳资产的价值占家庭总的碳资产价值比例的影响，同时还受家庭各类消费对应的人均超额减排量的变化率、家庭各类消费对应的碳排放实现市场交易的概率变化率和家庭各类消费可实现的单位碳汇价值变化率的影响。

5.4.2 家庭碳资产价值的灵敏度分析

基于家庭碳资产的动态演化特征，分析$p_{j,t}$、$Q_{j,t}$和$P_{j,t}$对$v_{j,t}$和v_t的灵敏度。

（1）计算$p_{j,t}$、$Q_{j,t}$和$P_{j,t}$对$v_{j,t}$的灵敏度

由公式（5.17）可得：

$$\frac{\dot{p}_{j,t}}{p_{j,t}}\Big/\frac{\dot{v}_{j,t}}{v_{j,t}} + \frac{\dot{Q}_{j,t}}{Q_{j,t}}\Big/\frac{\dot{v}_{j,t}}{v_{j,t}} + \frac{\dot{P}_{j,t}}{P_{j,t}}\Big/\frac{\dot{v}_{j,t}}{v_{j,t}} = 1 \tag{5.21}$$

由此可以构建$p_{j,t}$、$Q_{j,t}$和$P_{j,t}$对$v_{j,t}$的灵敏度指标：

$$\dot{S}^{v_{j,t}}_{v_{j,t}}\left(\frac{\dot{p}_{j,t}}{p_{j,t}}\right) = \frac{\dot{p}_{j,t}}{p_{j,t}}\Big/\frac{\dot{v}_{j,t}}{v_{j,t}} \tag{5.22}$$

$$\dot{S}^{v_{j,t}}_{v_{j,t}}\left(\frac{\dot{Q}_{j,t}}{Q_{j,t}}\right) = \frac{\dot{Q}_{j,t}}{Q_{j,t}}\Big/\frac{\dot{v}_{j,t}}{v_{j,t}} \tag{5.23}$$

$$\dot{S}^{v_{j,t}}_{v_{j,t}}\left(\frac{\dot{P}_{j,t}}{P_{j,t}}\right) = \frac{\dot{P}_{j,t}}{P_{j,t}}\Big/\frac{\dot{v}_{j,t}}{v_{j,t}} \tag{5.24}$$

（2）计算$p_{j,t}$、$Q_{j,t}$和$P_{j,t}$对v_t的灵敏度

由公式（5.20）可得：

$$\sum_{j=1}^{J}\left(\frac{v_{j,t}}{v_t} \times \frac{\dot{p}_{j,t}}{p_{j,t}}\Big/\frac{\dot{v}_t}{v_t} + \frac{v_{j,t}}{v_t} \times \frac{\dot{Q}_{j,t}}{Q_{j,t}}\Big/\frac{\dot{v}_t}{v_t} + \frac{v_{j,t}}{v_t} \times \frac{\dot{P}_{j,t}}{P_{j,t}}\Big/\frac{\dot{v}_t}{v_t}\right) = 1 \tag{5.25}$$

由此可以构建$p_{j,t}$、$Q_{j,t}$和$P_{j,t}$对v_t的灵敏度指标：

$$\dot{S}^{v_t}_{v_t}\left(\frac{\dot{p}_{j,t}}{p_{j,t}}\right) = \frac{v_{j,t}}{v_t} \times \frac{\dot{p}_{j,t}}{p_{j,t}}\Big/\frac{\dot{v}_t}{v_t} \tag{5.26}$$

$$\dot{S}_{v_t}^{v_t}\left(\frac{\dot{Q}_{j,t}}{Q_{j,t}}\right)=\frac{v_{j,t}}{v_t}\times\frac{\dot{Q}_{j,t}}{Q_{j,t}}\Big/\frac{\dot{v}_t}{v_t} \tag{5.27}$$

$$\dot{S}_{v_t}^{v_t}\left(\frac{\dot{P}_{j,t}}{P_{j,t}}\right)=\frac{v_{j,t}}{v_t}\times\frac{\dot{P}_{j,t}}{P_{j,t}}\Big/\frac{\dot{v}_t}{v_t} \tag{5.28}$$

5.5 家庭碳资产价值的蒙特卡洛模拟

对家庭碳资产的价值的动态演化及其决定因素进行模拟和数值分析有助于认识家庭碳资产价值的演化规律。在进行蒙特卡洛模拟之前，需要认识家庭总的碳资产和各类消费对应的碳资产价值及其决定因素在不同时间上的数值特征，尤其是分布特征。

5.5.1 家庭碳资产价值影响因素的数值特征

(1) $P_{j,t}$ 和 $\frac{\dot{P}_{j,t}}{P_{j,t}}$

$\frac{\dot{P}_{j,t}}{P_{j,t}}$ 为家庭第 j 类消费对应的碳排放单位碳汇价值随时间 t 的变化率，其实质是家庭第 j 类消费对应的碳资产在 t 时期的市场收益率，将家庭第 j 类消费对应的碳资产在 t 时期的市场收益率记为 $R_{j,t}$ ，则存在：

$$\frac{\dot{P}_{j,t}}{P_{j,t}}=R_{j,t} \tag{5.29}$$

由于碳资产交易实际存在，可以参照 CER、EUA 的收益率或相关碳排放权交易系统中碳资产的收益率特征模拟家庭某类消费对应的碳资产的市场收益率。如果参照 CER 的历史收益率模拟 $R_{j,t}$ 的分布，则在蒙特卡洛模拟时，应有：

$$R_{j,t}\sim N(u_R,\sigma_R)$$

式中：r 为 CER 的历史收益率均值；σ 为 CER 的历史收益率标准差。

（2）$p_{j,t}$ 和 $\frac{\dot{p}_{j,t}}{p_{j,t}}$

如果某类消费对应的家庭碳资产已经能够实现市场交易，对于家庭第 j 类消费对应的碳资产，存在 $p_{j,t}=1$，$\frac{\dot{p}_{j,t}}{p_{j,t}}=0$；如果某类消费对应的家庭碳资产还未实现市场交易，那么随着碳交易市场的发展，该类消费对应的家庭碳资产能够实现市场交易的概率会增大，同时对于家庭第 j 类消费对应的碳资产，存在 $0\leqslant p_{j,t}<1$，$\frac{\dot{p}_{j,t}}{p_{j,t}}>0$。假设家庭第 j 类消费对应的碳资产在期初可以实现市场交易的概率为 $p_{j,0}$，则有：

$$p_{j,t}=\begin{cases}p_{j,0}+b_j\times t, t<(1-p_{j,0})/b_j\\1, t\geqslant(1-p_{j,0})/b_j\end{cases}\tag{5.30}$$

由此可以得到 $t<(1-p_{j,0})/b_j$ 时 $\frac{\dot{p}_{j,t}}{p_{j,t}}$ 的数学分布：

$$\frac{\dot{p}_{j,t}}{p_{j,t}}\sim N(u_p,\sigma_p)\text{ , }u_p=\frac{b_j}{p_{j,0}+b_j\times t}$$

（3）$Q_{j,t}$ 和 $\frac{\dot{Q}_{j,t}}{Q_{j,t}}$

根据公式 5.10 可以得到：

$$\dot{Q}_{j,t}=\dot{M}_{j,t}-\dot{C}_{j,t}\times\frac{e_{j,t}}{S}-C_{j,t}\times\frac{\dot{e}_{j,t}}{S}\tag{5.31}$$

式中：$\dot{M}_{j,t}$ 为第 j 类消费对应的人均标准碳排放随时间 t 的边际变化量；$\dot{C}_{j,t}$ 为家庭第 j 类消费对应的实际碳排放随时间 t 的边际变化量；$\dot{e}_{j,t}$ 为第 j 类消费的碳排放强度随时间 t 的边际变化量。进而得到：

$$\frac{\dot{Q}_{j,t}}{Q_{j,t}}=\frac{\dot{M}_{j,t}-\dot{C}_{j,t}\times e_{j,t}/S-C_{j,t}\times\dot{e}_{j,t}/S}{M_{j,t}-C_{j,t}\times e_{j,t}/S}\tag{5.32}$$

公式（5.32）说明，家庭第 j 类消费对应的人均超额减排量的变化率受第 j 类消费对应的人均标准碳排放、家庭第 j 类消费对应的实际碳排放、

第 j 类消费的碳排放强度及它们随时间 t 的边际变化量的影响。

$\frac{\dot{Q}_{j,t}}{Q_{j,t}}$ 的取值较为复杂，考虑到家庭实际人均碳排放水平和个人标准碳排放水平的变化是同步的，因而有理由相信 $\frac{\dot{Q}_{j,t}}{Q_{j,t}}$ 接近于0，从而假设 $Q_{j,t}$ 服从正态分布，即：

$$Q_{j,t} \sim N(Q_{j,0},\sigma_{Q_j})$$

则 $\frac{\dot{Q}_{j,t}}{Q_{j,t}}$ 也服从正态分布，即：

$$\frac{\dot{Q}_{j,t}}{Q_{j,t}} \sim N(u_Q,\sigma_Q)$$

5.5.2　家庭碳资产价值的蒙特卡洛模拟举例

模拟 $\frac{\dot{Q}_{j,t}}{Q_{j,t}}$、$R_{j,t}$ 和 $\frac{\dot{p}_{j,t}}{p_{j,t}}$ 变化对 $\frac{\dot{v}_{j,t}}{v_{j,t}}$ 的影响，以此为例说明家庭碳资产价值及动态演化的蒙特卡洛模拟方法。

根据5.4.1节对 $\frac{\dot{Q}_{j,t}}{Q_{j,t}}$、$R_{j,t}$ 和 $\frac{\dot{p}_{j,t}}{p_{j,t}}$ 数值特征和分布的分析，假设 $\sigma_R = 0.1$，$\sigma_p = 0.1$，$\sigma_Q = 0.25$，$p_{j,0} = 0.25$，$b_j = 0.015$，则有：

$$\frac{\dot{Q}_{j,t}}{Q_{j,t}} \sim N(u_Q,0.25)$$

$$R_{j,t} \sim N(u_R,0.1)$$

$$\frac{\dot{p}_{j,t}}{p_{j,t}} \sim N\left(\frac{0.015}{0.25 + 0.015 \times t},0.1\right)$$

上式中的$p_{j,t}$随时间 t 增加而上升，$\frac{\dot{p}_{j,t}}{p_{j,t}}$的均值随时间 t 增加而下降，分析u_R在0.1、0、-0.1之间取值，u_Q在0、0.1之间取值时，$p_{j,t}$、$Q_{j,t}$和$P_{j,t}$对$v_{j,t}$的灵敏度随时间 t 增加的变化（如图5-1所示）。

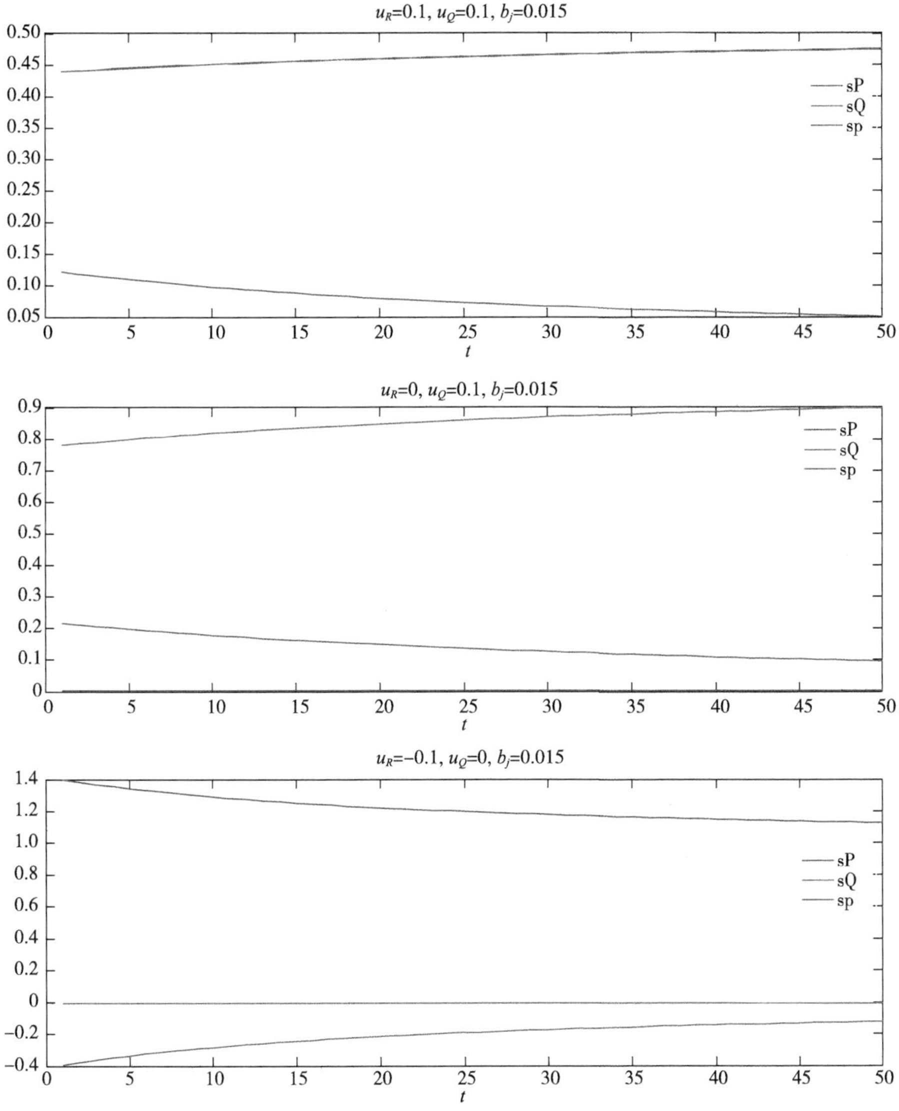

图 5-1　家庭碳资产价值的蒙特卡洛模拟举例

$u_R = 0.1$，$u_Q = 0.1$，即家庭碳资产价格上升、家庭相对碳排放水平下降时，$P_{j,t}$ 和 $Q_{j,t}$ 对 $v_{j,t}$ 的灵敏度随时间 t 增加同步变化，且 $p_{j,t}$ 对 $v_{j,t}$ 的灵敏度下降而上升。

$u_R = 0$, $u_Q = 0.1$，即家庭碳资产价格保持不变，家庭第 j 类消费对应的人均超额减排量上升时，$P_{j,t}$ 对 $v_{j,t}$ 的灵敏度保持不变，$Q_{j,t}$ 对 $v_{j,t}$ 的灵敏度随时间 t 增加而增加，$p_{j,t}$ 对 $v_{j,t}$ 的灵敏度随时间 t 增加而下降，$Q_{j,t}$ 和 $p_{j,t}$ 对 $v_{j,t}$ 的灵敏度随时间 t 增加呈相反方向变化。

$u_R = -0.1$, $u_Q = 0$，即家庭碳资产价格下降，家庭第 j 类消费对应的人均超额减排量不变时，$Q_{j,t}$ 对 $v_{j,t}$ 的灵敏度保持不变，$p_{j,t}$ 对 $v_{j,t}$ 的灵敏度为负值，且绝对值随时间 t 增加而下降，$P_{j,t}$ 对 $v_{j,t}$ 的灵敏度随时间 t 增加而下降，$P_{j,t}$ 和 $p_{j,t}$ 对 $v_{j,t}$ 的灵敏度随时间 t 增加呈相反方向变化。

模拟 $\frac{\dot{Q}_{j,t}}{Q_{j,t}}$、$R_{j,t}$ 和 $\frac{\dot{p}_{j,t}}{p_{j,t}}$ 变化对 $\frac{\dot{v}_{j,t}}{v_{j,t}}$ 的影响说明，各个因素对家庭碳资产价值的影响是相关的，应该综合考虑各个因素对家庭碳资产及其动态演化的影响。

5.6 本章小结

第一，基于碳资产的概念提出家庭碳资产的概念，即认为家庭碳资产是指家庭碳排放水平低于基准水平给家庭带来的现金流价值。

第二，根据家庭碳资产的概念和特点，提出并分析家庭碳资产的节能减排属性、市场价值属性、社会价值属性、环保信号属性和不确定性。

第三，根据家庭碳资产的概念、特点和属性，提出基于家庭相对碳排放水平和碳资产价格的家庭碳资产价值的度量原理。在此基础上，基于家庭碳资产的不确定性和家庭各类消费隐含碳排放的差异，提出不确定条件下家庭碳资产价值的分类度量方法，进而考虑到时间因素，提出家庭碳资产价值的动态度量方法。

第四，根据不确定条件下家庭碳资产价值的动态度量和分类度量方法，分析家庭碳资产价值随家庭碳资产的不确定性、家庭的相对碳排放水平和家庭碳资产的价格等因素在时间维度上发生变化的动态演化特征，并进而分析家庭碳资产价值对各个影响因素的灵敏度。

第五，采用蒙特卡洛模拟说明各个因素对家庭碳资产价值的影响，发现家庭碳资产的不确定性、家庭的相对碳排放水平和家庭碳资产的价格对家庭碳资产的影响是相关联的，存在“此消彼长”的关系，因而在分析家庭碳资产价值时应该综合考虑各个因素的影响。

6　消费信贷对家庭碳排放的影响

本章首先从理论上分析消费信贷如何通过消费模式对家庭碳排放产生影响；接着，采用中国城市家庭的微观数据，实证分析房贷水平、短期消费贷款水平和信用卡透支额度等消费信贷因素对家庭碳排放的具体影响；进而分析消费信贷因素对家庭各类消费影响的差异以及消费模式对家庭碳排放的影响，说明消费信贷因素通过消费模式影响家庭碳排放。

6.1　理论分析

6.1.1　考虑消费内容差异的家庭效用函数

考虑到不同消费内容给家庭带来的效用存在差异，一种商品的消费带来的效用会随其他商品消费数量的变化而变化，参考卡普兰和维奥兰特（Kaplan & Violante，2014）基于 Epstein-Zin-Weil 效用函数对消费两种不同类型的商品时家庭效用函数的设定，将家庭消费多种不同类型的商品时的效用函数设定如下：

$$V_{i,t} = \left\{(1-\beta_i)\left(\prod_{j=1}^{J} C_{j,i,t}^{\phi_{i,j}}\right)^{1-1/\psi_i} + \beta_i p_{i,t}\left(E_{i,t}\left[V_{i,t+1}^{1-\gamma_i}\right]\right)^{\frac{1-1/\psi_i}{1-\gamma_i}}\right\}^{\frac{1}{1-1/\psi_i}} \quad (6.1)$$

式中：$V_{i,t}$ 为家庭 i 在 t 时期的效用水平；$C_{j,i,t}$ 为家庭 i 在 t 时期第 j 类消费的支出额度；ϕ_j 为家庭 i 第 j 类消费占家庭总消费中的比重；β_i 为家庭 i 未来消费预期的折现率；$p_{i,t}$ 为家庭 i 认为自己在 $t+1$ 期仍存在的概率；γ_i 为家庭 i 的相对风险厌恶系数；ψ_i 为家庭 i 跨期替代弹性。

当 $\gamma_i = 1/\psi_i$ 时，公式（6.1）中的效用函数转变为标准的效用函数。

根据 $C_{j,i,t}$、$C_{i,t}$ 和 ϕ_j 在公式 6.1 中的定义，存在：

$$\sum_{j=1}^{J} C_{j,i,t} = C_{i,t} \tag{6.2}$$

$$\sum_{j=1}^{J} \phi_j = 1 \tag{6.3}$$

影响家庭消费的因素有多种，包括收入、财富水平等经济因素，也包括家庭规模、性别、年龄、婚姻状况、居住区域等社会学和人口学因素，还包括消费文化、消费心理等心理学因素，但心理学因素在很大程度上是社会经济因素影响家庭消费的中间变量（Bin & Dowlatabadi，2005）。

6.1.2 消费信贷对家庭消费的影响

从总体上看，消费信贷通过减弱消费者的流动性约束，减少短视性预期，实现消费行为的跨期优化，从而缓解家庭或个人的消费需求与流动性约束之间的矛盾，并对家庭或个人当前及以后时期的消费产生影响（Berlin & Mester，2004；Ekici & Dunn，2010）。

根据公式 6.1，消费信贷影响家庭的流动性约束和跨期消费决策，从而会对当期的各类消费产生影响。由此得到：

$$C_{i,t} = f(D_{i,t}, X_{i,t}) \tag{6.4}$$

式中：$D_{i,t}$ 为影响家庭消费的消费信贷因素，包括房贷、消费贷等；$X_{i,t}$ 为影响家庭消费的除消费信贷以外的因素，包括经济因素、社会学和人口学因素等，f 为家庭消费的决定函数。

从总量上分析借贷对消费的影响主要用于对宏观经济的分析，但各类贷款对不同消费的影响存在很大差异。

消费信贷有多种类型。按用途分，消费信贷可以分为住房贷款（具体又包括公积金贷款、住房商业贷款、住房装修贷款等）、汽车消费贷款、教育贷款、医疗贷款、旅游消费贷款、耐用消费品贷款。按还款期限和抵押物分，消费信贷可以分为个人质押贷款、个人抵押贷款、短期信用贷款、个人循环贷款、综合消费贷款以及信用卡贷款等。按授信和还款方式分，消费信贷还可以分为封闭式信贷（还款时间和金额提前约定）和开放式信贷（循环授信）。广义的消费信贷还包括赊销、分期付款等。此外，互联网金融的兴起也使消费信贷出现了更多新的形式，各具特色的产品不断出现，如京东白条、花呗、P2P 网贷，等等。各类消费信贷均涉及贷款额度、利息率、抵押（或质押）物、还款方式等消费信贷的基本要素，但不同类型的消费信贷对家庭消费有不同影响。各类消费信贷对家庭各类消费的不同影响可以用公式（6.5）表示：

$$C_{j,i,t} = f_j(D_{i,t}, X_{i,t}) \tag{6.5}$$

式中：f_j 为家庭第 j 类消费的决定函数。

将公式（6.4）和公式（6.5）代入公式（6.2）可得：

$$f(D_{i,t}, X_{i,t}) = \sum_{j=1}^{J} f_j(D_{i,t}, X_{i,t}) \tag{6.6}$$

公式（6.6）说明，消费信贷对家庭总消费的影响只是各类消费不同影响的叠加。

6.1.3 消费模式与家庭碳排放

家庭是各种产品的最终消费者，家庭中的每个人的消费行为是全球碳排放的来源（Bin & Dowlatabadi，2005）。家庭碳排放很大程度上和衣食住行以及教育娱乐等方面的功能需求相关（Druckman & Jackson，2009），消费规模和消费结构的差异会使家庭在不同碳排放强度的消费内容之间做出分配（Wei et al，2007）。

家庭消费的碳排放强度是家庭在消费过程中每支出一个单位金额所引致的碳排放（Golley & Meng，2012）。家庭消费的内容通常划分为食品、衣着、居住、家庭设施用品及服务、医疗保健、交通和通信、文教娱乐用品及服务等七类，不同消费内容的碳排放强度不同，从而同一单位金额的不同消费内容引致的碳排放不同（Munksgaard et al，2000；Wei et al，2007；Feng et al，2011）。

在消费内容对应的碳排放强度和消费结构不变的条件下，消费规模的增加必然使家庭碳排放增加；但当消费规模发生变化时，消费结构也发生变化，家庭碳排放的量会在消费规模和消费结构的共同影响下出现非线性的变化（Fan et al，2012）。

某一消费内容的碳排放为该消费内容的金额与该消费内容对应（Fan et al，2012）的碳排放强度的乘积，对于任意一个家庭，该消费内容引致的碳排放可以通过公式（6.7）估算（Golley & Meng，2012）：

$$E_{j,i,t} = e_j C_{j,i,t} \tag{6.7}$$

式中：$E_{j,i,t}$ 为家庭 i 在时期 t 第 j 类消费引致的碳排放；e_j 为第 j 类消费的碳排放强度；$C_{j,i,t}$ 为家庭 i 在时期 t 第 j 类消费的消费量。

家庭 i 在时期 t 总的碳排放（$E_{i,t}$）为家庭 i 在时期 t 各类消费碳排放的总和，可以通过公式（6.8）估算：

$$E_{i,t} = \sum_{j=1}^{J} e_j C_{j,i,t} \tag{6.8}$$

公式（6.8）说明，消费模式以及各类消费的碳排放强度决定家庭的碳排放水平。

6.1.4 消费信贷对家庭碳排放的影响

根据公式（6.5）和公式（6.7）可知：

$$E_{j,i,t} = e_j f_j(D_{i,t}, X_{i,t}) \tag{6.9}$$

从消费的视角看，各类商品的碳排放强度在短期内不发生大的变化，因而假定第 j 类消费的碳排放强度 e_j 是固定的。家庭 i 在时期 t 第 j 类消费隐含的碳排放（$E_{j,i,t}$），因而由影响家庭消费的消费信贷因素（$D_{i,t}$）和除消费信贷以外的因素（$X_{i,t}$）决定，由此得到：

$$E_{j,i,t} = F_j(D_{i,t}, X_{i,t}) \tag{6.10}$$

式中：F_j 为家庭第 j 类消费引致的碳排放的决定函数。

公式（6.10）说明，消费信贷影响家庭各类消费的隐含碳排放。

根据公式（6.7）、公式（6.8）和公式（6.9）可知：

$$E_{i,t} = \sum_{j=1}^{J} e_j f_j(D_{i,t}, X_{i,t}) \tag{6.11}$$

同样，由于家庭第 j 类消费的碳排放强度 e_j 是固定的，家庭 i 在时期的碳排放（$E_{i,t}$）也由影响家庭消费的消费信贷因素（$D_{i,t}$）和影响家庭消费的除消费信贷以外的因素（$X_{i,t}$）决定，由此得到：

$$E_{i,t} = F(D_{i,t}, X_{i,t}) \tag{6.12}$$

式中：F 为家庭总的碳排放的决定函数。

公式（6.12）说明，消费信贷影响家庭总的隐含碳排放。

6.2 实证研究设计

6.2.1 数据来源

采用清华大学金融研究中心开展的 2011 年全国消费金融调查数据，共包含 5 746 个有效的家庭样本，数据说明参考本书 3.1.2 节。

6.2.2 变量说明

（1）被解释变量

被解释变量为家庭人均碳排放和家庭各类消费的人均支出。样本家庭人均碳排放的估算方法和样本家庭各类消费的人均支出的统计特征参考本书 4.2.2 节。

（2）解释变量

主要解释变量为家庭消费信贷因素，包括家庭房贷水平、家庭短期消费贷款水平和家庭信用卡透支额度。同时，选取家庭房贷月供和家庭短期消费贷款每月还款额作为家庭房贷水平和家庭短期消费贷款水平的替代变量，用于检验家庭房贷和短期消费贷款影响家庭碳排放的稳健性。解释变量的说明和描述性统计分别如表 6-1 和表 6-2 所示。

表 6-1 家庭消费信贷因素的变量表示及说明

变量名	变量表示	变量说明
房贷水平	*lendforhouse*	家庭的住房贷款水平，在 1 到 17 之间取值，存款水平越高，取值越高（如表 3-6 所示）
短期消费贷款水平	*lendforconsume*	家庭的短期消费贷款水平水平，在 1 到 17 之间取值，存款水平越高，取值越高（如表 3-6 所示）
信用卡透支额度	*creditlimit*	家庭的信用卡透支额度（单位：元）
房贷月供	*repayconsum*	家庭住房贷款的每月还款额（单位：元）
短期消费贷款每月还款额	*repayhouse*	家庭短期消费贷款的每月还款额（单位：元）

表 6-2 反映家庭消费信贷因素的变量的描述性统计

Variable	Obs	Mean	Std. Dev.	Min	Max
lendforhouse	5 746	2. 536 373	3. 751 992	1	17
lendforconsume	5 746	1. 200 139	1. 024 660	1	16
lncreditlimit	5 746	3. 568 125	4. 805 839	0	14. 914 12
lnrepayconsum	5 746	2. 318 325	3. 411 077	0	13. 122 36
lnrepayhouse	5 746	1. 093 417	2. 666 767	0	13. 122 36

注：信用卡透支额度、房贷月供和短期消费贷款每月还款额采用自然对数的形式。

参考杜瓦特等（Duarte et al，2012）、刘文玲等（Liu et al，2013）、布克斯和斯科内夫（Büchs & Schnepf，2013）以及韩立岩等人（Han et al，2014）的做法，选取其他影响家庭人均碳排放的潜在因素作为控制变量。控制变量及其说明如表 3-5 所示。

表6-3 提供了模型（6. 10）和模型（6. 12）中解释变量和控制变量的方差膨胀因子（VIF），除控制变量所在城市（*i. cities*）外，所有解释变量和控制变量的 VIF 不高于 5，城市变量的 VIF 最高值为 7. 37，包括城市在内的 VIF 均值为 3. 00。VIF 不高于 10，说明解释变量和控制变量之间不存在明显的多重共线性。解释变量和控制变量因而能够用于对模型（6. 10）和模型（6. 12）的实证。

此外，在检验消费模式对家庭碳排放的影响时，家庭各类消费支出也作为解释变量，家庭各类消费支出的统计特征如表 4-1 所示。

6.2.3 计量方法

设立家庭房贷水平、家庭短期消费贷款水平和家庭信用卡透支额度等三个消费信贷因素影响家庭碳排放的计量模型 6.13：

$$\begin{aligned} \ln percarbon_i = {} & \beta_0 + \beta_{lendforhouse}\, lendforhouse_i + \beta_{lendforconsume}\, lendforconsume_i + \\ & \beta_{lncreditlimit}\, lncreditlimit_i + \beta_{lnperincome} \ln perincome_i + \beta_{incomeexpect}\, incomeexpect_i + \\ & \beta_{size}\, size_i + \beta_{marriage}\, marriage_i + \beta_{gender}\, gender_i + \beta_{education}\, education_i + \\ & \beta_{employment}\, employment_i + \beta_{unemployment}\, unemployment_i + \beta_{retired}\, retired_i + \\ & \beta_{preeducation}\, preeducation_i + \beta_{elders}\, elders_i + \beta_{elderstosupport}\, elderstosupport_i + \\ & \beta_{deposit}\, deposit_i + \beta_{ownhouse}\, ownhouse_i + \beta_{owncar}\, owncar_i + \\ & \beta_{heritageplan}\, heritageplan_i + \beta_{j.cities}\, j.cities_i \end{aligned} \tag{6.13}$$

式中被解释变量 $percarbon_i$ 代表第 i 个家庭的人均碳排放；解释变量 $lendforhouse_i$、$lendforconsume_i$ 和 $creditlimit_i$ 的含义如表 6-1 所示；其他变量为控制变量，控制变量的含义如表 3-5 所示，各变量是否采取自然对数的形式由其数据特征决定。

表 6-3 消费信贷因素的家庭人均碳排放潜在影响因素的方差膨胀因子（VIF）分析

Variable	VIF	1/VIF	Variable	VIF	1/VIF
lendforhouse	1.93	0.519 029	3	2.33	0.429 674
lendforconsume	1.07	0.938 726	4	6.08	0.164 419
lncreditlimit	4.79	0.208 877	5	6.29	0.158 942
lnrepayconsum	4.82	0.207 324	6	2.52	0.396 739
lnrepayhouse	1.85	0.540 018	7	2.95	0.339 531
lnperincome	1.44	0.696 194	8	2.58	0.387 038
incomeexpect	1.08	0.921 831	9	5.27	0.189 848
size	4.17	0.239 540	10	3.45	0.289 719
marriage	1.45	0.691 477	11	3.06	0.326 653

续表

Variable	VIF	1/VIF	Variable	VIF	1/VIF
gender	1.06	0.942 319	12	3.36	0.297 414
education	1.47	0.681 183	13	2.63	0.379 878
employment	2.41	0.415 082	14	1.89	0.530 250
unemployment	1.48	0.677 574	15	7.37	0.135 650
retired	2.28	0.438 857	16	6.61	0.151 272
preeducation	1.26	0.792 332	17	2.33	0.429 641
elders	1.77	0.563 703	18	2.79	0.358 695
elderstosuppport	1.38	0.725 441	19	6.43	0.155 636
deposit	1.18	0.848 829	20	5.36	0.186 562
ownhouse	1.74	0.575 846	21	2.52	0.396 297
owncar	1.44	0.694 803	22	2.43	0.412 313
heritageplan	1.05	0.948 437	23	7.68	0.130 137
Cities：2	2.31	0.433 398	24	2.64	0.379 428
			Mean VIF	3.00	

为检验计量模型（6.13）的有效性，分别单独考察家庭房贷水平、家庭短期消费贷款水平和家庭信用卡透支额度对家庭人均碳排放的影响，构建计量模型（6.14）、模型（6.15）和模型（6.16）：

$$\begin{aligned} \ln percarbon_i = {} & \beta_0 + \beta_{lendforhouse}\, lendforhouse_i + \beta_{lnperincome} \ln perincome_i + \\ & \beta_{incomeexpect}\, incomeexpect_i + \beta_{size}\, size_i + \beta_{marriage}\, marriage_i + \\ & \beta_{gender}\, gender_i + \beta_{education}\, education_i + \beta_{employment}\, employment_i + \\ & \beta_{unemployment}\, unemployment_i + \beta_{retired}\, retired_i + \beta_{preeducation}\, preeducation_i + \\ & \beta_{elders}\, elders_i + \beta_{elderstosupport}\, elderstosupport_i + \beta_{deposit}\, deposit_i + \\ & \beta_{ownhouse}\, ownhouse_i + \beta_{owncar}\, owncar_i + \beta_{heritageplan}\, heritageplan_i + \\ & \beta_{j.cities}\, j.cities_i \end{aligned} \tag{6.14}$$

$$\begin{aligned} \ln percarbon_i = {} & + \beta_{lendforconsume}\, lendforconsume_i + \beta_{lnperincome} \ln perincome_i + \\ & \beta_{incomeexpect}\, incomeexpect_i + \beta_{size}\, size_i + \beta_{marriage}\, marriage_i + \end{aligned}$$

$$\beta_{gender}\ gender_i + \beta_{education}\ education_i + \beta_{employment}\ employment_i + \beta_{unemployment}\ unemployment_i + \beta_{retired}\ retired_i + \beta_{preeducation}\ preeducation_i + \beta_{elders}\ elders_i + \beta_{elderstosupport}\ elderstosupport_i + \beta_{deposit}\ deposit_i + \beta_{ownhouse}\ ownhouse_i + \beta_{owncar}\ owncar_i + \beta_{heritageplan}\ heritageplan_i + \beta_{j.cities}\ j.cities_i \tag{6.15}$$

$$\ln percarbon_i = \beta_0 + \beta_{lncreditlimit}\ lncreditlimit_i + \beta_{lnperincome} \ln perincome_i + \beta_{incomeexpect}\ incomeexpect_i + \beta_{size}\ size_i + \beta_{marriage}\ marriage_i + \beta_{gender}\ gender_i + \beta_{education}\ education_i + \beta_{employment}\ employment_i + \beta_{unemployment}\ unemployment_i + \beta_{retired}\ retired_i + \beta_{preeducation}\ preeducation_i + \beta_{elders}\ elders_i + \beta_{elderstosupport}\ elderstosupport_i + \beta_{deposit}\ deposit_i + \beta_{ownhouse}\ ownhouse_i + \beta_{owncar}\ owncar_i + \beta_{heritageplan}\ heritageplan_i + \beta_{j.cities}\ j.cities_i \tag{6.16}$$

此外，同时考察家庭房贷水平和家庭短期消费贷款水平对家庭人均碳排放的影响，构建计量模型（6.17）：

$$\ln percarbon_i = \beta_0 + \beta_{lendforhouse}\ lendforhouse_i + \beta_{lendforconsume}\ lendforconsume_i + \beta_{lnperincome} \ln perincome_i + \beta_{incomeexpect}\ incomeexpect_i + \beta_{size}\ size_i + \beta_{marriage}\ marriage_i + \beta_{gender}\ gender_i + \beta_{education}\ education_i + \beta_{employment}\ employment_i + \beta_{unemployment}\ unemployment_i + \beta_{retired}\ retired_i + \beta_{preeducation}\ preeducation_i + \beta_{elders}\ elders_i + \beta_{elderstosupport}\ elderstosupport_i + \beta_{deposit}\ deposit_i + \beta_{ownhouse}\ ownhouse_i + \beta_{owncar}\ owncar_i + \beta_{heritageplan}\ heritageplan_i + \beta_{j.cities}\ j.cities_i \tag{6.17}$$

为验证家庭房贷水平和家庭短期消费贷款水平对家庭人均碳排放的影响，分别用家庭房贷月供（*lnrepayhouse*）和家庭短期消费贷款每月还款额（*repayconsum*）的自然对数替代家庭房贷水平和家庭短期消费贷款水平，构建计量模型（6.18）和模型（6.19）：

$$\ln percarbon_i = \beta_0 + \beta_{lnrepayhouse}\ lnrepayhouse_i + \beta_{lnperincome} \ln perincome_i + \beta_{incomeexpect}\ incomeexpect_i + \beta_{size}\ size_i + \beta_{marriage}\ marriage_i + \beta_{gender}\ gender_i + \beta_{education}\ education_i + \beta_{employment}\ employment_i + \beta_{unemployment}\ unemployment_i + \beta_{retired}\ retired_i + \beta_{preeducation}\ preeducation_i +$$

$$\beta_{elders}\ elders_i + \beta_{elderstosupport}\ elderstosupport_i + \beta_{deposit}\ deposit_i + \beta_{ownhouse}\ ownhouse_i + \beta_{owncar}\ owncar_i + \beta_{heritageplan}\ heritageplan_i + \beta_{j.cities}\ j.cities_i \quad (6.18)$$

$$\ln percarbon_i = \beta_0 + \beta_{lnrepayconsum}\ lnrepayconsum_i + \beta_{lnperincome} \ln perincome_i + \beta_{incomeexpect}\ incomeexpect_i + \beta_{size}\ size_i + \beta_{marriage}\ marriage_i + \beta_{gender}\ gender_i + \beta_{education}\ education_i + \beta_{employment}\ employment_i + \beta_{unemployment}\ unemployment_i + \beta_{retired}\ retired_i + \beta_{preeducation}\ preeducation_i + \beta_{elders}\ elders_i + \beta_{elderstosupport}\ elderstosupport_i + \beta_{deposit}\ deposit_i + \beta_{ownhouse}\ ownhouse_i + \beta_{owncar}\ owncar_i + \beta_{heritageplan}\ heritageplan_i + \beta_{j.cities}\ j.cities_i \quad (6.19)$$

为验证消费信贷对家庭总消费的影响是否存在，构建消费信贷因素影响家庭总消费的计量模型（6.20）：

$$\ln perconsumption_i = \beta_0 + \beta_{lendforhouse}\ lendforhouse_i + \beta_{lendforconsume}\ lendforconsume_i + \beta_{lncreditlimit}\ lncreditlimit_i + \beta_{lnperincome} \ln perincome_i + \beta_{incomeexpect}\ incomeexpect_i + \beta_{size}\ size_i + \beta_{marriage}\ marriage_i + \beta_{gender}\ gender_i + \beta_{education}\ education_i + \beta_{employment}\ employment_i + \beta_{unemployment}\ unemployment_i + \beta_{retired}\ retired_i + \beta_{preeducation}\ preeducation_i + \beta_{elders}\ elders_i + \beta_{elderstosupport}\ elderstosupport_i + \beta_{deposit}\ deposit_i + \beta_{ownhouse}\ ownhouse_i + \beta_{owncar}\ owncar_i + \beta_{heritageplan}\ heritageplan_i + \beta_{j.cities}\ j.cities_i \quad (6.20)$$

为验证消费信贷对家庭各类消费的影响是否存在，构建消费信贷因素影响家庭人均食品类消费支出（*perfood*）的计量模型（6.21）：

$$\ln perfood_i = \beta_0 + \beta_{lendforhouse}\ lendforhouse_i + \beta_{lendforconsume}\ lendforconsume_i + \beta_{lncreditlimit}\ lncreditlimit_i + \beta_{lnperincome} \ln perincome_i + \beta_{incomeexpect}\ incomeexpect_i + \beta_{size}\ size_i + \beta_{marriage}\ marriage_i + \beta_{gender}\ gender_i + \beta_{education}\ education_i + \beta_{employment}\ employment_i + \beta_{unemployment}\ unemployment_i + \beta_{retired}\ retired_i + \beta_{preeducation}\ preeducation_i + \beta_{elders}\ elders_i + \beta_{elderstosupport}\ elderstosupport_i + \beta_{deposit}\ deposit_i + \beta_{ownhouse}\ ownhouse_i + \beta_{owncar}\ owncar_i + \beta_{heritageplan}\ heritageplan_i + \beta_{j.cities}\ j.cities_i \quad (6.21)$$

类似地，构建消费信贷因素影响家庭其他各类消费人均支出的模型。

此外，以家庭各类消费的人均支出为解释变量，以家庭人均碳排放为被解释变量，构建模型检验消费模式对家庭碳排放的影响。

6.3 实证结果与分析

6.3.1 消费信贷因素对家庭碳排放的影响

为避免因截面数据样本量较大引起的异方差问题，采用稳健标准差加权 OLS 方法（Heteroskedasticity - consistent covariance matrix estimator, White, 1980）检验计量模型 6.13—6.19，实证结果如表 6-4 所示。表 6-4 中的实证结果（1）说明，家庭房贷水平、家庭短期消费贷款水平和家庭信用卡透支额度均对家庭人均碳排放具有显著的正向影响。表 6-4 中的实证结果（3）、实证结果（4）和实证结果（5）分别验证了家庭房贷水平、家庭短期消费贷款水平和家庭信用卡透支额度对家庭人均碳排放显著的正向影响。表 6-4 中的实证结果（2）验证了家庭房贷水平和家庭短期消费贷款水平对家庭人均碳排放显著的正向影响。表 6-4 中的实证结果（6）说明房贷月供对家庭人均碳排放具有显著的正向影响，这进一步印证了家庭房贷水平对家庭人均碳排放的正向影响。表 6-4 中的实证结果（7）说明家庭短期消费贷款每月还款额对家庭人均碳排放具有显著的正向影响，这进一步印证了家庭短期消费贷款对家庭人均碳排放的正向影响。这些结果均表明，消费信贷因素对家庭碳排放具有显著的正向影响。

表 6-4　消费信贷因素对家庭碳排放的影响

VARIABLES	(1) *lnpercarbon*	(2) *lnpercarbon*	(3) *lnpercarbon*	(4) *lnpercarbon*	(5) *lnpercarbon*	(6) *lnpercarbon*	(7) *lnpercarbon*
lendforhouse	0.006 04**	0.006 92**	0.008 21**				
	(0.003 07)	(0.003 18)	(0.003 25)				
lendforconsume	0.045 20***	0.048 90***		0.051 80***			
	(0.011 00)	(0.011 00)		(0.010 90)			

续表

VARIABLES	(1) *lnpercarbon*	(2) *lnpercarbon*	(3) *lnpercarbon*	(4) *lnpercarbon*	(5) *lnpercarbon*	(6) *lnpercarbon*	(7) *lnpercarbon*
lncreditlimit	0.009 24***				0.010 90***		
	(0.002 12)				(0.002 10)		
lnrepayhouse						0.007 51**	
						(0.003 56)	
lnrepayconsum							0.014 80***
							(0.002 99)
lnperincome	0.156***	0.158***	0.160***	0.159***	0.160***	0.159***	0.161***
	(0.018 4)	(0.018 5)	(0.018 7)	(0.018 6)	(0.018 6)	(0.018 7)	(0.018 8)
incomeexpect	0.036 3***	0.039 5***	0.038 4***	0.040 5***	0.035 7***	0.035 5***	0.039 4***
	(0.011 1)	(0.011 0)	(0.011 0)	(0.011 1)	(0.011 0)	(0.011 0)	(0.011 1)
size	-0.189***	-0.189***	-0.189***	-0.189***	-0.188***	-0.187***	-0.188***
	(0.014 7)	(0.014 7)	(0.014 8)	(0.014 7)	(0.014 8)	(0.014 8)	(0.014 9)
marriage	-0.109***	-0.113***	-0.117***	-0.109***	-0.108***	-0.108***	-0.116***
	(0.023 1)	(0.023 2)	(0.023 3)	(0.023 1)	(0.023 1)	(0.023 1)	(0.023 3)
gender	0.042 9**	0.043 5**	0.045 8***	0.044 2**	0.045 7***	0.046 6***	0.045 3***
	(0.017 2)	(0.017 2)	(0.017 2)	(0.017 2)	(0.017 2)	(0.017 2)	(0.017 3)
education	0.034 0***	0.045 8***	0.047 4***	0.048 6***	0.036 3***	0.038 1***	0.047 6***
	(0.012 5)	(0.012 2)	(0.012 2)	(0.012 2)	(0.012 4)	(0.012 3)	(0.012 3)
employment	3.82e-05	0.000 355	-0.000 982	-0.000 148	-0.001 840	-0.002 070	-0.001 180
	(0.015 4)	(0.015 3)	(0.015 4)	(0.015 3)	(0.015 5)	(0.015 4)	(0.015 4)
unemployment	-0.036 8*	-0.038 3*	-0.035 4	-0.038 1*	-0.033 7	-0.034 1	-0.035 0
	(0.022 2)	(0.022 3)	(0.022 1)	(0.022 4)	(0.022 1)	(0.022 1)	(0.022 2)
retired	-0.010 90	-0.009 48	-0.009 55	-0.010 8	-0.012 6	-0.012 7	-0.010 8
	(0.015 7)	(0.015 6)	(0.015 7)	(0.015 6)	(0.015 8)	(0.015 7)	(0.015 7)
preeducation	0.110***	0.113***	0.113***	0.115***	0.111***	0.108***	0.114***
	(0.027 7)	(0.027 7)	(0.027 9)	(0.027 7)	(0.027 9)	(0.027 9)	(0.027 9)
elders	-0.035 3***	-0.035 7***	-0.034 2**	-0.035 5***	-0.033 4**	-0.033 1**	-0.034 3**
	(0.013 5)	(0.013 5)	(0.013 5)	(0.013 5)	(0.013 5)	(0.013 5)	(0.013 6)

续表

VARIABLES	(1) *lnpercarbon*	(2) *lnpercarbon*	(3) *lnpercarbon*	(4) *lnpercarbon*	(5) *lnpercarbon*	(6) *lnpercarbon*	(7) *lnpercarbon*
elderstosupport	0.026 7***	0.029 2***	0.030 9***	0.031 0***	0.029 7***	0.030 2***	0.031 8***
	(0.006 68)	(0.006 69)	(0.006 68)	(0.006 65)	(0.006 63)	(0.006 63)	(0.006 65)
deposit	0.004 97**	0.004 61*	0.004 23*	0.003 93	0.003 95	0.004 09*	0.003 84
	(0.002 48)	(0.002 48)	(0.002 49)	(0.002 45)	(0.002 45)	(0.002 46)	(0.002 48)
ownhouse	-0.015 7***	-0.015 1***	-0.015 0***	-0.013 4***	-0.014 1***	-0.014 2***	-0.014 1***
	(0.002 81)	(0.002 82)	(0.002 83)	(0.002 76)	(0.002 76)	(0.002 77)	(0.002 78)
owncar	0.053 3***	0.054 1***	0.054 9***	0.054 1***	0.054 0***	0.054 2***	0.055 2***
	(0.003 82)	(0.003 81)	(0.003 83)	(0.003 81)	(0.003 84)	(0.003 84)	(0.003 83)
heritageplan	0.057 8**	0.061 4***	0.064 5***	0.060 5**	0.059 2**	0.062 3***	0.064 0***
	(0.023 7)	(0.023 8)	(0.023 9)	(0.023 8)	(0.023 8)	(0.023 9)	(0.023 9)
i. cities	—	—	—	—	—	—	—
	(-)	(-)	(-)	(-)	(-)	(-)	(-)
Constant	2.990***	2.939***	2.977***	2.928***	3.024***	3.029***	2.977***
	(0.159)	(0.159)	(0.160)	(0.159)	(0.160)	(0.161)	(0.161)
Observations	5 746	5 746	5 746	5 746	5 746	5 746	5 746
R-squared	0.458	0.456	0.452	0.455	0.454	0.454	0.451

接下来，采用 Quantile 回归方法分析家庭房贷水平、家庭短期消费贷款水平和家庭信用卡透支额度等家庭消费信贷因素对不同分位上的家庭人均碳排放的影响，说明消费信贷因素对不同排放水平家庭碳排放的影响差异。基于计量模型（6.13）的 Quantile 回归的结果如表 6-5 所示。家庭房贷水平对家庭人均碳排放的影响在 0.6 以下分位上不显著，在 0.6 以上分位上显著，且影响系数随分位的提高而上升；家庭短期消费贷款水平和家庭信用卡透支额度对各个分位上的家庭人均碳排放均具有显著的正向影响，影响系数随分位的提高整体上呈上升趋势。图 6-1 直观地反映了消费信贷因素对不同排放水平家庭碳排放的影响。

表 6-5 消费信贷因素对不同分位上的家庭人均碳排放的影响

QUANTILE / VARIABLES	(0.1) *lnpercarbon*	(0.2) *lnpercarbon*	(0.3) *lnpercarbon*	(0.4) *lnpercarbon*	(0.5) *lnpercarbon*	(0.6) *lnpercarbon*	(0.7) *lnpercarbon*	(0.8) *lnpercarbon*	(0.9) *lnpercarbon*
lendforhouse	0.003 50	0.003 60	0.001 66	0.002 33	0.000 876	0.004 86 ***	0.006 77 ***	0.010 5 ***	0.017 7 ***
	(0.002 31)	(0.002 80)	(0.002 22)	(0.001 88)	(0.001 78)	(0.001 65)	(0.002 03)	(0.002 59)	(0.003 32)
lendforconsume	0.026 3 **	0.031 9 ***	0.030 6 ***	0.029 6 ***	0.032 2 ***	0.035 2 ***	0.032 7 ***	0.035 3 ***	0.067 3 ***
	(0.011 0)	(0.008 13)	(0.007 73)	(0.007 11)	(0.006 99)	(0.006 68)	(0.008 22)	(0.010 7)	(0.013 5)
lncreditlimit	0.005 01 **	0.005 93 ***	0.005 90 ***	0.006 78 ***	0.007 45 ***	0.006 92 ***	0.010 3 ***	0.006 87 **	0.012 5 ***
	(0.002 51)	(0.001 98)	(0.001 80)	(0.001 65)	(0.001 66)	(0.001 61)	(0.002 05)	(0.002 69)	(0.003 55)
lnperincome	0.056 8 **	0.126 ***	0.214 ***	0.296 ***	0.358 ***	0.410 ***	0.441 ***	0.448 ***	0.444 ***
	(0.022 3)	(0.014 5)	(0.010 9)	(0.008 47)	(0.007 40)	(0.006 40)	(0.007 39)	(0.008 84)	(0.011 3)
incomeexpect	0.051 4 ***	0.058 8 ***	0.040 3 ***	0.033 3 ***	0.029 2 ***	0.015 9 *	0.023 4 **	0.025 7 *	0.007 06
	(0.013 6)	(0.010 2)	(0.009 29)	(0.008 64)	(0.008 79)	(0.008 68)	(0.011 1)	(0.014 6)	(0.019 4)
size	−0.223 ***	−0.213 ***	−0.186 ***	−0.168 ***	−0.146 ***	−0.139 ***	−0.140 ***	−0.134 ***	−0.135 ***
	(0.015 1)	(0.011 4)	(0.010 5)	(0.009 86)	(0.010 0)	(0.009 92)	(0.013 0)	(0.016 8)	(0.022 6)
marriage	0.057 7 **	−0.013 3	−0.067 5 ***	−0.098 2 ***	−0.117 ***	−0.141 ***	−0.148 ***	−0.150 ***	−0.178 ***
	(0.027 8)	(0.021 4)	(0.019 3)	(0.017 9)	(0.017 9)	(0.017 3)	(0.021 9)	(0.028 3)	(0.036 6)

续表

QUANTILE / VARIABLES	(0.1) *lnpercarbon*	(0.2) *lnpercarbon*	(0.3) *lnpercarbon*	(0.4) *lnpercarbon*	(0.5) *lnpercarbon*	(0.6) *lnpercarbon*	(0.7) *lnpercarbon*	(0.8) *lnpercarbon*	(0.9) *lnpercarbon*
gender	0.059 6***	0.038 5**	0.035 7**	0.0357**	0.017 0	0.005 45	0.006 67	0.018 8	0.043 6
	(0.022 3)	(0.017 2)	(0.015 7)	(0.014 4)	(0.014 5)	(0.014 1)	(0.017 9)	(0.023 1)	(0.030 0)
education	0.058 5***	0.036 1***	0.034 5***	0.017 7	0.021 0*	0.011 3	8.38e−05	0.009 98	−0.028 1
	(0.016 8)	(0.013 0)	(0.011 8)	(0.010 8)	(0.010 8)	(0.010 4)	(0.013 3)	(0.016 9)	(0.022 3)
employment	0.029 8*	0.025 9**	0.000 302	0.003 85	−0.002 08	0.001 23	0.004 77	0.006 48	−0.008 22
	(0.015 6)	(0.012 2)	(0.011 3)	(0.010 6)	(0.010 7)	(0.010 6)	(0.013 9)	(0.017 8)	(0.023 6)
unemployment	−0.006 55	−0.032 2	−0.034 3*	−0.014 9	−0.009 13	0.002 18	0.035 7	0.029 0	−0.023 5
	(0.027 0)	(0.021 0)	(0.019 2)	(0.017 8)	(0.018 0)	(0.017 7)	(0.022 8)	(0.029 9)	(0.039 9)
retired	0.027 2	0.020 4	0.004 59	−0.003 94	−0.013 8	−0.004 38	−0.005 44	−0.003 95	−0.010 4
	(0.017 1)	(0.013 5)	(0.012 4)	(0.011 5)	(0.011 6)	(0.011 3)	(0.014 7)	(0.018 9)	(0.025 4)
preeducation	0.029 3	0.039 3*	0.055 2***	0.076 8***	0.055 1***	0.061 6***	0.075 0***	0.103***	0.190***
	(0.028 2)	(0.022 9)	(0.020 7)	(0.018 9)	(0.018 8)	(0.018 0)	(0.022 7)	(0.029 7)	(0.040 2)
elders	−0.055 1***	−0.034 3***	−0.025 5**	−0.020 1**	−0.013 8	−0.020 4**	−0.017 7	−0.024 0	−0.021 0
	(0.014 4)	(0.011 3)	(0.010 3)	(0.009 54)	(0.009 68)	(0.009 44)	(0.012 0)	(0.015 8)	(0.020 8)

续表

QUANTILE / VARIABLES	(0.1) lnpercarbon	(0.2) lnpercarbon	(0.3) lnpercarbon	(0.4) lnpercarbon	(0.5) lnpercarbon	(0.6) lnpercarbon	(0.7) lnpercarbon	(0.8) lnpercarbon	(0.9) lnpercarbon
elderstosupport	0.020 6**	0.017 0**	0.017 3***	0.017 8***	0.016 4***	0.023 2***	0.022 1***	0.018 9**	0.033 8***
	(0.008 81)	(0.006 69)	(0.006 11)	(0.005 70)	(0.005 76)	(0.005 61)	(0.007 12)	(0.009 22)	(0.011 8)
deposit	0.014 7***	0.006 87***	0.003 36*	0.001 05	−0.000 814	−0.002 82	−0.004 18*	−0.002 98	0.002 51
	(0.002 79)	(0.002 18)	(0.002 02)	(0.001 87)	(0.001 90)	(0.001 86)	(0.002 41)	(0.003 18)	(0.004 21)
ownhouse	0.002 23	−0.006 31***	−0.008 78***	−0.015 0***	−0.019 9***	−0.023 2***	−0.028 8***	−0.034 0***	−0.034 6***
	(0.002 95)	(0.002 33)	(0.002 14)	(0.001 99)	(0.002 01)	(0.001 99)	(0.002 62)	(0.003 51)	(0.004 65)
owncar	0.041 5***	0.046 7***	0.042 7***	0.039 6***	0.037 9***	0.035 9***	0.034 1***	0.038 8***	0.037 6***
	(0.004 47)	(0.003 27)	(0.002 93)	(0.002 67)	(0.002 66)	(0.002 57)	(0.003 27)	(0.004 25)	(0.005 59)
heritageplan	−0.039 5	0.016 1	0.052 3***	0.055 3***	0.035 5*	0.053 2***	0.065 2***	0.075 2**	0.074 8*
	(0.027 9)	(0.021 6)	(0.019 8)	(0.018 2)	(0.018 3)	(0.017 8)	(0.022 6)	(0.029 3)	(0.038 3)
i. cities	—	—	—	—	—	—	—	—	—
	(−)	(−)	(−)	(−)	(−)	(−)	(−)	(−)	(−)
Constant	2.824***	2.651***	2.336***	1.886***	1.584***	1.363***	1.289***	1.278***	1.731***
	(0.200)	(0.137)	(0.113)	(0.096 3)	(0.092 5)	(0.086 7)	(0.109)	(0.141)	(0.184)
Observations	5 746	5 746	5 746	5 746	5 746	5 746	5 746	5 746	5 746

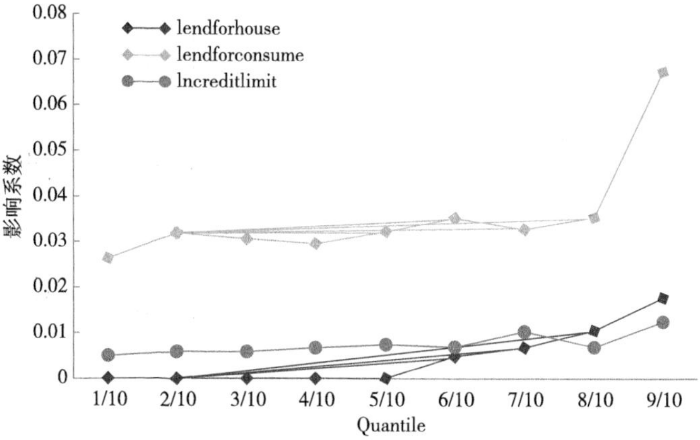

图 6-1 消费信贷因素对不同分位的家庭人均碳排放的影响趋势

6.3.2 消费模式对家庭碳排放的影响

基于计量模型（6.13），采用 Quantile 回归分析家庭各类消费的人均支出对不同分位的家庭人均碳排放的影响，实证结果如表 6-6 所示。家庭各类消费的人均支出对各个分位的家庭人均碳排放均具有显著的正向影响。家庭人均食品类和通信类消费支出对家庭人均碳排放的影响随家庭人均碳排放分位的上升而上升；家庭人均衣着类消费支出对家庭人均碳排放的影响随家庭人均碳排放分位的上升先上升后下降，对中间分位的家庭人均碳排放的影响较大；家庭人均家用设施、用品及服务类消费支出对家庭人均碳排放的影响随家庭人均碳排放分位的上升整体呈下降趋势；家庭人均医疗保健类消费支出对家庭人均碳排放的影响随家庭人均碳排放分位的上升呈下降趋势，且对于家庭人均碳排放水平在 0.7 分位以上的家庭，家庭人均医疗保健类消费支出的影响不显著；家庭人均交通类消费支出对家庭人均碳排放的影响随家庭人均碳排放分位的上升整体呈下降趋势，但在高分位上家庭人均交通类消费支出的影响又有所上升；家庭人均文教娱乐类消费支出对家庭人均碳排放的影响随家庭人均碳排放分位的上升整体呈上升趋势，但在高分位上家庭人均交通类消费支出的影响又有所下降。家庭各类消费的人均支出对不同分位的家庭人均碳排放的影响差异说明，消费模式会对家庭的碳排放水平产生显著影响。

表 6-6 家庭各类消费的人均支出对不同分位的家庭人均碳排放的影响

QUANTILE / VARIABLES	(0.1) lnpercarbon	(0.2) lnpercarbon	(0.3) lnpercarbon	(0.4) lnpercarbon	(0.5) lnpercarbon	(0.6) lnpercarbon	(0.7) lnpercarbon	(0.8) lnpercarbon	(0.9) lnpercarbon
lnperfood	0.255 ***	0.255 ***	0.256 ***	0.253 ***	0.264 ***	0.273 ***	0.286 ***	0.294 ***	0.301 ***
	(0.001 23)	(0.002 16)	(0.002 45)	(0.003 47)	(0.005 78)	(0.007 32)	(0.015 0)	(0.021 9)	(0.029 9)
lnpercloth	0.165 ***	0.169 ***	0.176 ***	0.176 ***	0.176 ***	0.179 ***	0.172 ***	0.157 ***	0.155 ***
	(0.000 768)	(0.001 47)	(0.001 74)	(0.002 52)	(0.004 25)	(0.005 38)	(0.011 0)	(0.016 1)	(0.020 6)
lnperappliance	0.055 0 ***	0.045 4 ***	0.037 3 ***	0.035 9 ***	0.032 9 ***	0.029 0 ***	0.030 1 ***	0.029 3 ***	0.031 6 **
	(0.000 479)	(0.000 934)	(0.001 17)	(0.001 74)	(0.002 91)	(0.003 63)	(0.007 26)	(0.010 1)	(0.012 5)
lnperhousing	0.361 ***	0.362 ***	0.357 ***	0.347 ***	0.323 ***	0.291 ***	0.238 ***	0.218 ***	0.207 ***
	(0.000 400)	(0.000 818)	(0.001 03)	(0.001 56)	(0.002 78)	(0.003 75)	(0.008 23)	(0.012 3)	(0.015 9)
lnpercommunication	0.078 7 ***	0.085 1 ***	0.093 4 ***	0.102 ***	0.106 ***	0.118 ***	0.151 ***	0.157 ***	0.155 ***
	(0.001 45)	(0.002 44)	(0.002 73)	(0.003 79)	(0.006 24)	(0.007 80)	(0.016 0)	(0.023 5)	(0.030 6)
lnpertransport	0.067 6 ***	0.065 7 ***	0.063 0 ***	0.062 8 ***	0.063 0 ***	0.061 2 ***	0.059 0 ***	0.066 3 ***	0.060 1 ***
	(0.000 714)	(0.001 30)	(0.001 52)	(0.002 21)	(0.003 74)	(0.004 66)	(0.009 06)	(0.012 3)	(0.014 5)
lnpermedical	0.016 5 ***	0.016 4 ***	0.014 3 ***	0.013 1 ***	0.012 0 ***	0.011 1 ***	0.005 45	0.005 08	0.006 83
	(0.000 586)	(0.000 975)	(0.001 05)	(0.001 41)	(0.002 21)	(0.002 62)	(0.005 06)	(0.006 82)	(0.008 02)
lnperrecreation	0.016 9 ***	0.017 9 ***	0.018 8 ***	0.019 1 ***	0.022 0 ***	0.020 9 ***	0.022 7 ***	0.020 3 ***	0.019 0 **
	(0.000 554)	(0.000 973)	(0.001 08)	(0.001 47)	(0.002 33)	(0.002 78)	(0.005 37)	(0.007 24)	(0.008 75)
Constant	-0.686 ***	-0.652 ***	-0.625 ***	-0.553 ***	-0.481 ***	-0.357 ***	-0.176 **	0.058 5	0.324 **
	(0.008 77)	(0.013 6)	(0.014 2)	(0.019 0)	(0.030 4)	(0.037 3)	(0.074 3)	(0.104)	(0.132)
Observations	5 746	5 746	5 746	5 746	5 746	5 746	5 746	5 746	5 746

6.3.3 消费信贷因素对消费模式的影响

（1）消费信贷因素对家庭消费规模的影响

基于计量模型（6.19），采用 Quantile 回归方法实证分析家庭房贷水平、家庭短期消费贷款水平和家庭信用卡透支额度等家庭消费信贷因素对不同分位上的家庭人均消费支出的影响，说明消费信贷因素对家庭消费支出的影响以及对不同分位的家庭人均消费支出的影响差异。实证结果如表 6-7 所示。图 6-2 直观地反映了消费信贷因素对不同分位的家庭人均消费支出的影响趋势。家庭房贷水平对家庭人均消费支出的影响在 0.6 以下分位上不显著，在 0.6 以上分位上显著，且影响系数随分位的提高而上升，这和家庭房贷水平在不同分位上影响家庭人均碳排放的趋势是相似的。家庭短期消费贷款水平对各个分位上的家庭人均消费支出均具有显著的正向影响，但与对家庭人均碳排放的影响系数随分位数的提高整体上呈上升趋势不同，家庭短期消费贷款水平对家庭人均消费支出的影响没有随分位数的变化表现出趋势性特征。家庭信用卡透支额度对 0.1 分位上的家庭人均消费支出的影响不显著，对 0.2 及以上分位上的家庭人均消费支出具有显著的正向影响，影响系数随分位的提高整体上呈先上升后下降的趋势，在 0.8 至 0.9 分位上又呈上升趋势，这种趋势性特征和家庭信用卡透支额度对不同分位上家庭人均碳排放的影响程度的趋势性特征明显不同。这说明消费信贷因素对家庭碳排放的影响不仅通过消费规模，还必然通过其他途径实现。

表 6-7 家庭消费信贷因素对不同分位的家庭人均消费支出的影响

QUANTILE / VARIABLES	(0.1) *lnpercarbon*	(0.2) *lnpercarbon*	(0.3) *lnpercarbon*	(0.4) *lnpercarbon*	(0.5) *lnpercarbon*	(0.6) *lnpercarbon*	(0.7) *lnpercarbon*	(0.8) *lnpercarbon*	(0.9) *lnpercarbon*
lendforhouse	0.002 62	0.003 50	0.000 687	−0.001 01	4.09*e*−05	0.002 04*	0.002 94*	0.005 53***	0.005 97**
	(0.001 83)	(0.002 46)	(0.002 05)	(0.001 23)	(0.001 60)	(0.001 20)	(0.001 62)	(0.001 89)	(0.002 56)
lendforconsume	0.027 7***	0.015 9**	0.018 1***	0.025 9***	0.026 8***	0.032 8***	0.025 9***	0.032 3***	0.028 3***
	(0.008 01)	(0.007 16)	(0.006 97)	(0.005 70)	(0.006 34)	(0.004 93)	(0.006 73)	(0.008 26)	(0.010 6)
lncreditlimit	0.001 67	0.003 06*	0.004 64***	0.005 97***	0.006 70***	0.006 00***	0.005 13***	0.004 15**	0.006 34**
	(0.001 99)	(0.001 71)	(0.001 66)	(0.001 34)	(0.001 49)	(0.001 17)	(0.001 65)	(0.001 99)	(0.002 76)
lnperincome	0.056 6***	0.145***	0.232***	0.329***	0.380***	0.434***	0.478***	0.525***	0.524***
	(0.017 9)	(0.013 0)	(0.010 1)	(0.006 87)	(0.006 65)	(0.004 63)	(0.005 85)	(0.006 57)	(0.009 00)
incomeexpect	0.024 9**	0.028 8***	0.030 2***	0.027 3***	0.019 8**	0.015 6**	0.017 1*	0.018 9*	0.012 4
	(0.010 6)	(0.008 97)	(0.008 64)	(0.007 09)	(0.007 91)	(0.006 25)	(0.008 87)	(0.010 8)	(0.015 0)
size	−0.195***	−0.168***	−0.136***	−0.105***	−0.093 5***	−0.087 3***	−0.074 5***	−0.057 3***	−0.054 3***
	(0.012 7)	(0.010 6)	(0.010 2)	(0.008 14)	(0.009 02)	(0.006 98)	(0.009 73)	(0.011 7)	(0.017 2)
marriage	0.118***	0.073 9***	0.046 7***	0.011 6	−0.007 21	−0.040 2***	−0.061 3***	−0.091 1***	−0.119***
	(0.021 9)	(0.018 7)	(0.017 9)	(0.014 5)	(0.016 1)	(0.012 5)	(0.017 5)	(0.020 6)	(0.027 9)

续表

QUANTILE / VARIABLES	(0.1) *lnpercarbon*	(0.2) *lnpercarbon*	(0.3) *lnpercarbon*	(0.4) *lnpercarbon*	(0.5) *lnpercarbon*	(0.6) *lnpercarbon*	(0.7) *lnpercarbon*	(0.8) *lnpercarbon*	(0.9) *lnpercarbon*
gender	0.027 5	0.018 8	0.012 2	0.009 15	0.002 55	−0.010 2	−0.011 4	−0.011 7	0.009 69
	(0.017 4)	(0.015 0)	(0.014 4)	(0.011 7)	(0.013 0)	(0.010 2)	(0.014 3)	(0.017 0)	(0.023 0)
education	0.040 5 ***	0.030 2 ***	0.027 4 **	0.019 8 **	0.015 8	0.014 5 *	0.008 11	−0.002 28	−0.011 7
	(0.012 8)	(0.011 4)	(0.010 8)	(0.008 75)	(0.009 72)	(0.007 59)	(0.010 7)	(0.012 6)	(0.017 0)
employment	−0.007 47	−0.017 8	−0.032 0 ***	−0.049 8 ***	−0.047 5 ***	−0.038 2 ***	−0.036 6 ***	−0.040 6 ***	−0.040 0 **
	(0.013 3)	(0.011 6)	(0.011 0)	(0.008 79)	(0.009 65)	(0.007 45)	(0.010 3)	(0.012 5)	(0.018 0)
unemployment	−0.080 2 ***	−0.088 3 ***	−0.070 5 ***	−0.053 1 ***	−0.046 4 ***	−0.035 7 ***	−0.032 8 *	−0.037 4 *	−0.046 6
	(0.022 5)	(0.018 6)	(0.017 7)	(0.014 5)	(0.016 2)	(0.012 7)	(0.017 8)	(0.021 6)	(0.029 9)
retired	−0.027 6 *	−0.032 5 ***	−0.046 8 ***	−0.053 3 ***	−0.056 7 ***	−0.040 0 ***	−0.035 6 ***	−0.044 4 ***	−0.041 0 **
	(0.014 6)	(0.012 5)	(0.011 8)	(0.009 47)	(0.010 4)	(0.008 07)	(0.011 3)	(0.013 5)	(0.019 2)
preeducation	0.004 21	−0.012 1	0.006 34	0.005 37	0.023 0	0.032 3 **	0.038 7 **	0.062 4 ***	0.076 9 **
	(0.021 4)	(0.019 4)	(0.018 8)	(0.015 2)	(0.016 9)	(0.013 0)	(0.018 2)	(0.021 8)	(0.030 9)
elders	−0.035 9 ***	−0.025 6 **	−0.027 1 ***	−0.026 6 ***	−0.021 0 **	−0.030 6 ***	−0.023 5 **	−0.016 1	−0.013 5
	(0.011 6)	(0.010 2)	(0.009 62)	(0.007 80)	(0.008 69)	(0.006 82)	(0.009 67)	(0.011 6)	(0.016 0)

续表

QUANTILE / VARIABLES	(0.1) *lnpercarbon*	(0.2) *lnpercarbon*	(0.3) *lnpercarbon*	(0.4) *lnpercarbon*	(0.5) *lnpercarbon*	(0.6) *lnpercarbon*	(0.7) *lnpercarbon*	(0.8) *lnpercarbon*	(0.9) *lnpercarbon*
elderstosupport	0.025 7 ***	0.021 3 ***	0.014 7 ***	0.016 5 ***	0.011 1 **	0.010 5 **	0.011 8 **	0.010 3	0.012 7
	(0.006 79)	(0.005 75)	(0.005 59)	(0.004 60)	(0.005 18)	(0.004 09)	(0.005 75)	(0.006 93)	(0.009 22)
deposit	0.016 4 ***	0.009 60 ***	0.008 50 ***	0.005 96 ***	0.002 62	0.003 34 **	0.002 48	0.001 59	0.001 91
	(0.002 17)	(0.001 91)	(0.001 85)	(0.001 51)	(0.001 71)	(0.001 36)	(0.001 93)	(0.002 36)	(0.003 26)
ownhouse	0.009 22 ***	0.006 99 ***	0.003 97 **	0.001 02	0.000 267	−0.000 319	−0.000 681	−0.002 01	0.001 55
	(0.002 37)	(0.002 06)	(0.001 99)	(0.001 61)	(0.001 81)	(0.001 43)	(0.002 05)	(0.002 46)	(0.003 42)
owncar	0.037 2 ***	0.035 5 ***	0.038 9 ***	0.033 5 ***	0.030 7 ***	0.031 3 ***	0.031 3 ***	0.032 7 ***	0.039 1 ***
	(0.003 52)	(0.002 86)	(0.002 68)	(0.002 16)	(0.002 39)	(0.001 86)	(0.002 60)	(0.003 15)	(0.004 35)
heritageplan	0.014 0	0.009 69	0.038 5 **	0.048 5 ***	0.064 3 ***	0.052 5 ***	0.046 1 **	0.050 5 **	0.052 1 *
	(0.021 9)	(0.018 8)	(0.018 2)	(0.014 8)	(0.016 5)	(0.012 9)	(0.018 1)	(0.021 5)	(0.029 2)
i. cities	—	—	—	—	—	—	—	—	—
	(–)	(–)	(–)	(–)	(–)	(–)	(–)	(–)	(–)
Constant	5.583 ***	5.270 ***	4.873 ***	4.236 ***	3.965 ***	3.627 ***	3.424 ***	3.143 ***	3.319 ***
	(0.158)	(0.121)	(0.104)	(0.078 0)	(0.083 0)	(0.063 1)	(0.086 8)	(0.104)	(0.143)
Observations	5 746	5 746	5 746	5 746	5 746	5 746	5 746	5 746	5 746

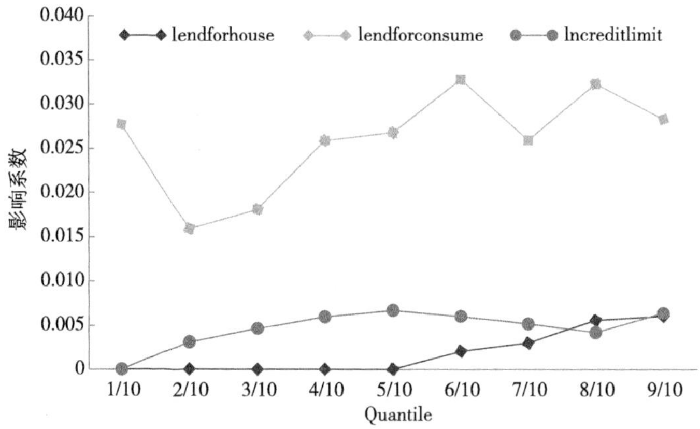

图 6-2 消费信贷因素对不同分位的家庭人均消费支出的影响趋势

（2）消费信贷因素对家庭各类消费的不同影响

采用稳健标准差加权 OLS 方法（White，1980），基于计量模型（6.20），验证消费信贷对家庭各类消费的影响，实证结果如表 6-8 所示。家庭房贷水平对家庭家用设施、用品及服务类、家居类和交通类消费支出的人均值具有显著的正向影响；家庭短期消费贷款水平对家庭各类消费的人均支出均具有显著的正向影响，但影响程度存在较大差异；信用卡透支额度对家庭食品类和医疗保健类消费支出的人均值影响不显著，对家庭衣着类、家居类、家用设施、用品与服务类、交通通信类和文教娱乐类消费支出的人均值具有显著的正向影响，且影响程度存在很大差异。

消费信贷因素不仅影响家庭消费的规模，还会对家庭各类消费产生不同影响，从而影响家庭的消费模式。消费信贷因素对家庭碳排放的影响必然通过对消费模式的影响实现。

表 6-8 消费信贷因素对家庭各类消费人均支出的影响

VARIABLES	(1) *lnperfood*	(2) *lnpercloth*	(3) *lnperappliance*	(4) *lnperhousing*	(5) *lnpercommunicaiton*	(6) *lnpertransport*	(7) *lnpermedical*	(8) *lnperrecreation*
lendforhouse	0.001 07	0.004 02	0.010 8 **	0.012 5 **	0.003 48	0.010 9 ***	−0.001 61	0.000 140
	(0.002 17)	(0.003 85)	(0.005 00)	(0.005 06)	(0.002 90)	(0.004 08)	(0.007 12)	(0.005 26)
lendforconsume	0.025 7 **	0.041 1 ***	0.096 9 ***	0.050 4 **	0.034 0 ***	0.039 4 **	0.092 0 ***	0.074 5 ***
	(0.011 2)	(0.014 1)	(0.021 0)	(0.020 1)	(0.012 7)	(0.018 0)	(0.027 1)	(0.021 2)
lncreditlimit	−0.003 46	0.013 8 ***	0.018 3 ***	0.011 2 **	0.008 04 ***	0.024 5 ***	−0.009 86	0.027 1 ***
	(0.002 27)	(0.003 30)	(0.004 95)	(0.004 75)	(0.002 54)	(0.003 65)	(0.006 00)	(0.005 74)
lnperincome	0.125 ***	0.150 ***	0.146 ***	0.157 ***	0.121 ***	0.136 ***	0.175 ***	0.251 ***
	(0.015 0)	(0.031 9)	(0.028 3)	(0.021 2)	(0.019 8)	(0.029 8)	(0.028 1)	(0.038 3)
incomeexpect	0.020 2 *	0.118 ***	0.112 ***	0.044 0 *	0.065 6 ***	0.082 8 ***	−0.006 60	0.145 ***
	(0.011 6)	(0.018 1)	(0.026 6)	(0.025 7)	(0.013 0)	(0.020 0)	(0.030 5)	(0.031 5)
size	−0.190 ***	−0.181 ***	−0.137 ***	−0.166 ***	−0.182 ***	−0.195 ***	−0.084 7 **	−0.194 ***
	(0.015 4)	(0.022 9)	(0.030 2)	(0.028 3)	(0.016 1)	(0.023 5)	(0.033 6)	(0.033 8)
marriage	0.058 3 **	−0.272 ***	0.067 6	0.064 3	−0.024 6	−0.018 4	0.344 ***	−0.274 ***
	(0.025 1)	(0.037 4)	(0.053 7)	(0.050 7)	(0.027 4)	(0.039 0)	(0.063 9)	(0.062 4)

续表

VARIABLES	(1) *lnperfood*	(2) *lnpercloth*	(3) *lnperappliance*	(4) *lnperhousing*	(5) *lnpercommunication*	(6) *lnpertransport*	(7) *lnpermedical*	(8) *lnperrecreation*
gender	0.016 1	−0.047 4 *	0.035 0	0.100 0 **	0.032 2	0.052 4 *	−0.044 8	0.196 ***
	(0.018 2)	(0.028 2)	(0.041 1)	(0.039 1)	(0.020 7)	(0.031 2)	(0.049 8)	(0.049 5)
education	−0.028 0 **	0.261 ***	0.142 ***	−0.024 8	0.068 0 ***	0.223 ***	−0.154 ***	0.272 ***
	(0.013 3)	(0.022 7)	(0.031 3)	(0.028 8)	(0.014 7)	(0.024 3)	(0.035 4)	(0.038 6)
employment	−0.006 76	0.065 2 ***	0.010 2	−0.012 5	0.033 1 *	0.050 9 **	−0.038 5	0.082 3 **
	(0.017 1)	(0.024 0)	(0.033 3)	(0.032 2)	(0.017 2)	(0.025 9)	(0.037 2)	(0.037 3)
unemployment	−0.039 7	0.005 64	−0.056 1	−0.044 7	−0.041 6 *	−0.079 2 **	−0.005 35	−0.051 5
	(0.026 0)	(0.036 9)	(0.049 5)	(0.047 1)	(0.024 1)	(0.040 3)	(0.055 4)	(0.060 5)
retired	0.005 65	−0.044 9 *	−0.105 ***	0.016 7	−0.044 5 **	−0.065 9 **	0.059 9	−0.063 1
	(0.015 6)	(0.025 8)	(0.035 0)	(0.031 4)	(0.017 6)	(0.026 1)	(0.039 2)	(0.039 6)
preeducation	0.096 3 ***	0.056 0	0.008 80	0.097 9 **	0.081 5 **	0.079 9 *	0.149 **	0.133 **
	(0.029 8)	(0.044 0)	(0.056 4)	(0.047 6)	(0.032 8)	(0.042 2)	(0.060 1)	(0.060 7)
elders	−0.025 2 *	−0.026 0	0.052 1 *	−0.088 1 ***	0.011 2	0.034 4 *	0.052 4	−0.028 4
	(0.014 4)	(0.020 4)	(0.028 7)	(0.027 8)	(0.015 2)	(0.020 2)	(0.033 6)	(0.031 9)

续表

VARIABLES	(1) *lnperfood*	(2) *lnpercloth*	(3) *lnperappliance*	(4) *lnperhousing*	(5) *lnpercommunication*	(6) *lnpertransport*	(7) *lnpermedical*	(8) *lnperrecreation*
elderstosupport	0.004 47	0.069 1 ***	0.027 5 *	−0.003 41	0.015 5 *	0.045 5 ***	−0.021 2	0.122 ***
	(0.007 54)	(0.011 4)	(0.015 9)	(0.014 7)	(0.008 34)	(0.012 2)	(0.019 9)	(0.019 5)
deposit	0.010 7 ***	0.013 2 ***	0.022 9 ***	0.014 4 ***	0.014 7 ***	0.021 5 ***	0.030 3 ***	0.025 3 ***
	(0.002 68)	(0.003 82)	(0.005 65)	(0.005 16)	(0.002 93)	(0.004 28)	(0.006 81)	(0.006 60)
ownhouse	0.009 61 ***	0.021 4 ***	0.022 3 ***	−0.064 5 ***	0.008 07 **	0.008 77 *	0.017 4 **	0.024 4 ***
	(0.002 86)	(0.004 05)	(0.006 39)	(0.006 21)	(0.003 20)	(0.004 57)	(0.007 41)	(0.007 25)
owncar	0.021 8 ***	0.053 6 ***	0.048 8 ***	0.036 5 ***	0.037 7 ***	0.106 ***	0.021 4 **	0.085 4 ***
	(0.004 09)	(0.005 88)	(0.008 48)	(0.007 97)	(0.004 69)	(0.006 79)	(0.010 4)	(0.009 72)
heritageplan	−0.008 47	0.121 ***	0.198 ***	−0.013 8	0.086 0 ***	0.028 6	0.061 5	0.077 4
	(0.025 2)	(0.036 2)	(0.051 6)	(0.052 6)	(0.026 8)	(0.040 9)	(0.065 4)	(0.063 1)
i. cities	—	—	—	—	—	—	—	—
	(-)	(-)	(-)	(-)	(-)	(-)	(-)	(-)
Constant	4.807 ***	2.115 ***	1.132 ***	2.941 ***	2.697 ***	1.292 ***	1.293 ***	−0.329
	(0.178)	(0.283)	(0.298)	(0.274)	(0.175)	(0.278)	(0.325)	(0.362)
Observations	5 746	5 746	5 746	5 746	5 746	5 746	5 746	5 746
R-squared	0.307	0.338	0.173	0.145	0.293	0.364	0.088	0.246

6.4 本章小结

本章构建了家庭消费多种不同类型的商品时的效用函数，说明不同消费内容给家庭带来的效用差异，家庭因而不仅存在最优的消费规模，还存在最优的消费结构，家庭最优的消费规模和最优的消费结构受家庭社会经济特征的影响。消费信贷影响家庭的流动性约束和跨期消费决策，从而会对家庭的消费规模和消费结构，即家庭的消费模式产生影响。与此同时，基于已有研究成果说明消费模式决定家庭的碳排放水平。由此从理论上得到消费信贷通过消费模式影响家庭碳排放的结论。

为检验消费信贷通过消费模式对家庭碳排放的影响，基于中国城市家庭的微观调查数据，构建家庭房贷水平、家庭短期消费贷款水平和家庭信用卡透支额度等消费信贷因素影响家庭消费和碳排放以及消费模式影响家庭碳排放的模型，并综合利用稳健标准差加权 OLS 方法和 Quantile 回归方法对模型进行实证。实证结果表明，家庭房贷水平、家庭短期消费贷款水平和家庭信用卡透支额度等消费信贷因素对家庭碳排放水平有显著的正向影响，对不同分位上的家庭人均碳排放，消费信贷因素的影响存在很大差异。家庭各类消费的人均支出对不同分位上的家庭人均碳排放有不同影响，说明消费模式决定家庭的碳排放水平。消费信贷因素对不同分位上的家庭人均消费支出的影响存在很大差异，同时对家庭各类消费的人均支出水平的影响存在很大差异，说明消费信贷因素影响家庭的消费模式。消费信贷因素对各个分位上的家庭人均消费支出和家庭人均碳排放的影响程度存在很大差别，说明消费信贷因素不仅通过消费规模，而且通过消费结构，对家庭的碳排放水平产生影响。

消费信贷能够通过消费模式影响家庭碳排放，这意味着可以通过消费金融手段鼓励家庭的低碳消费行为，减少家庭碳排放。

7 绿色消费信贷的运行机制与定价

本章基于之前章节的分析，提出绿色消费信贷运行的基本思路并设计绿色消费信贷的运行机制，同时说明绿色消费信贷的实施条件。在此基础上，在贝纳西微观非均衡理论的框架下，采用能够考察市场主体风险态度的行为均衡①分析方法，探讨银行和家庭在传统消费信贷和绿色消费信贷中的行为及其均衡实现情况，说明银行通过使贷款利率低于市场完全均衡的利率使供给呈现短边状态，从而能够审核贷款者，以减少信息不对称带来的贷款人违约风险。通过比较银行和家庭在传统消费信贷和绿色消费信贷中的实现行为均衡时的收益，根据无套利均衡原理，对绿色消费信贷进行定价，得到绿色消费信贷的利率等于传统消费信贷利率减去单位贷款碳资产收益的重要结论。采用绿色汽车贷款作为示例说明绿色消费信贷及其定价理论的有效性和应用价值。

7.1 绿色消费信贷的运行机制与实施条件

7.1.1 绿色消费信贷的运行机制

基于之前章节的分析，提出绿色消费信贷运行的基本思路：银行通过

① 行为均衡是在自我实现均衡理论（self-confirming equilibrium，Dekel et al，2004）的基础上产生的一个概念，指参与者的行为和市场信念相互作用后所达到的一种静止、稳定的状态，在此状态下，参与者的行为和市场信念不会进一步做出调整（Esponda，2007；Lec，2007）。

发放具有利率优惠的贷款，鼓励家庭和个人在消费过程中购买低碳产品，从而产生家庭碳资产；实施利率优惠政策降低低碳消费的家庭向银行支付的利息，对家庭的低碳消费行为进行激励；银行汇集家庭碳资产，并通过碳交易市场出售家庭碳资产，从中获得利息减少的补偿。

绿色消费信贷的运行机制如图 7-1 所示。

①银行通过贷款池向家庭发放贷款，家庭用自有资金和银行贷款购买消费品，并分期向银行支付贷款的本金和利息。

②由于家庭消费中隐含了碳排放，通过碳金融体系，家庭低碳消费减少的碳排放经过核证和货币换算后可以转变为碳资产。

③银行设置碳资产池汇集家庭低碳消费产生的碳资产，进而通过碳交易市场出售碳资产，并使这部分收入流入贷款池。

④碳资产收入能够增加银行的贷款收益，银行可以将这部分收益用于补贴家庭的利息支出。

⑤银行通过向低碳消费的家庭收取较低的利息，鼓励家庭的低碳消费行为。

⑥如果家庭通过贷款购买碳排放强度高的产品，将会产生碳负债，银行碳资产池的碳资产将减少，银行为弥补这部分损失，需要向高碳消费的家庭收取较高的贷款利息，从而对高碳消费行为形成负激励。

⑦家庭碳资产的产生、汇集和交易需要碳金融体系的支撑，家庭碳资产业务的增加也会使碳金融机构和碳交易市场的参与者从绿色消费信贷中

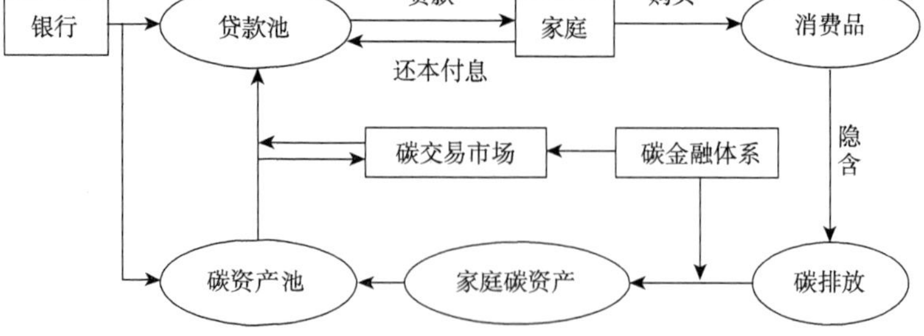

图 7-1　绿色消费信贷的运行机制

受益。由于能够在家庭节能减排以及消费节能减排的背景下使所有主体受益，绿色消费信贷体系能够依靠市场机制有效运行，从而可以作为节能减排的政策工具之一。

7.1.2 绿色消费信贷的实施条件

绿色消费信贷的实施需要具备三个条件。

①家庭消费隐含碳排放的额度能够核算。消费者低碳意识的提升使家庭具有参与碳排放评估的意愿，能够为家庭碳排放的评估提供社会基础。碳标签、碳排放强度核算以及碳排放评估工具的发展能够为家庭碳排放的核算提供技术基础。基于消费者自愿参与原则和家庭碳排放源及其碳排放强度设计的家庭碳排放计算器是目前出现的评估家庭碳排放的常见工具。图 7-2 展示了北京环境交易所基于家庭主要碳排放源及其碳排放强度研发的碳足迹计算器的界面，采用该碳足迹计算器可以估算家庭在衣、食、住、行、用方面的碳排放。但碳排放核算在客观性、准确性、认可度和接受度方面仍有待提高。

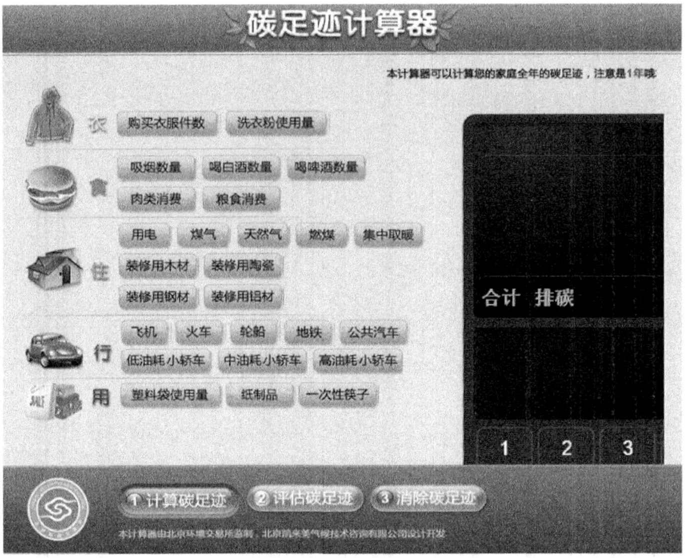

图 7-2 北京环境交易所碳足迹计算器

②碳金融体系和碳交易市场能够支撑家庭碳资产的形成和交易。目前碳金融体系和碳交易市场主要关注企业碳资产的形成和交易，家庭碳资产由于单笔额度、分布分散等原因，受到的关注不够。为保障绿色消费信贷机制的运行，需要在家庭碳资产的形成和交易方面满足三个条件：一是在制定消费品的碳排放标准，核算消费品碳排放水平的基础上，确定消费品的相对碳排放水平；二是建立家庭碳资产价格的形成机制，确定家庭碳资产的单位价格，进而估算家庭通过绿色消费信贷进行低碳消费产生的碳资产价值；三是建立家庭碳资产交易的平台和机制，保证家庭碳资产的价值能够通过市场交易实现。

③银行有参与绿色消费信贷的意愿。绿色消费信贷需要银行对低碳消费的家庭实施利率优惠政策，同时银行还需要建立碳资产池汇集家庭碳资产，并将碳资产池中汇集到的碳资产通过市场交易实现价值，因此，银行的积极参与是绿色消费信贷实施的重要基础。银行应在消费信贷流程中加入低碳元素。在消费信贷评估过程中，银行应加入对消费隐含碳排放及其对应的碳资产价值的评估。在信贷定价过程中，银行应根据低碳消费产生的碳资产的价值，调整贷款利率。此外，银行还应和碳交易市场建立合作关系，保障家庭碳资产的市场交易能够实现。

7.2 银行和家庭在传统消费信贷中的行为及其均衡

（1）银行在消费信贷中的目标函数

银行是经营资产和资本的特殊企业，注重风险控制的同时，也以赢利为目的。在消费信贷市场上，银行通过向个人或家庭贷款获取利息，每笔贷款都有一定的成本，同时个人或家庭存在违约风险。据此可以将消费信贷中银行的目标函数设为：

$$U_b = \sum_{t=1}^{T_1} (1+\gamma)^{-t} rk + (1+\gamma)^{-T_1} k - c - \beta z \tag{7.1}$$

式中：k 为贷款额度；r 为每期利率；γ 为市场利率，代表资金的成本；T_1 为贷款期限；c 为贷款成本；z 为贷款的或有损失；β 为风险厌恶系数。

（2）消费者在消费信贷中的效用函数

消费者运用自有资金和银行贷款购买商品，考虑到消费品的折旧、效用的折现以及消费者付出的贷款成本和自有资金，可以将消费者通过贷款购买某一消费品的效用函数设为：

$$U_c = \sum_{t=0}^{+\infty} \theta^{-t} \varphi^{-t}(w + k) - \left(\sum_{t=1}^{T_1} \theta^{1-t} rk + \theta^{1-T_1} k\right) - w \tag{7.2}$$

式中：θ 为消费者的折现因子；φ 为消费品的折旧因子；w 为消费者自有资金的数额。

（3）消费信贷中银行和消费者行为的均衡

由于借款人可能出现道德风险，以及银行和企业之间信息不对称的存在，信贷市场存在“配额”现象，银行通过设定低于贷款充分供给时的利率，使信贷市场处于“供给短边”的状态，银企行为在此状态下实现非瓦尔拉均衡，银行通过这种机制审核借款者。银行根据消费者的信用情况决定市场利率，消费者决定是否接受既定利率下的贷款。在此情况下，消费信贷市场的均衡利率由如下具有约束条件的目标函数决定：

$$r_b = \underset{r}{\operatorname{argmax}}\left[\sum_{t=1}^{T_1} (1+\gamma)^{-t} rk + (1+\gamma)^{-T_1} k - c - \beta z\right] \tag{7.3}$$

$$\text{s.t.} \sum_{t=0}^{+\infty} \theta^{-t} \varphi^{-t}(w + k) - \left(\sum_{t=1}^{T_1} \theta^{-t} rk + \theta^{-T_1} k\right) - w > 0$$

由此得到传统消费信贷市场的均衡利率，假设该利率为贷款基准利率，记为 r_b 。

7.3 银行和家庭在绿色消费信贷中的行为及其均衡

假设绿色消费信贷中消费品在贷款期间每期产生的碳资产价值为 R_c ，贷款到期后家庭碳资产不再向银行转移，则银行在绿色消费信贷中的目标函数在公式7.1的基础上变为：

$$U_b = \sum_{t=1}^{T_1} \gamma^{-t} rk + \gamma^{-T_1} k - c - \beta z + \sum_{t=1}^{T_1} \gamma^{-t} R_c \quad (7.4)$$

在当前居民消费过程中低碳意识不强的条件下，假设消费者只关心商品本身带来的效用，而不关心低碳消费带来的环保效用，在此情况下，消费者通过绿色消费信贷购买某一消费品的效用函数和消费者通过传统消费信贷购买某一消费品的效用函数是一致的，仍用公式（7.2）表示。

由于"配额"现象的存在，由银行决定绿色消费信贷的市场利率。绿色消费信贷市场的均衡利率由如下具有约束条件的目标函数决定：

$$r_l = \underset{r}{\operatorname{argmax}} \left[\sum_{t=1}^{T_1} \gamma^{-t} rk + \gamma^{-T_1} k - c - \beta z + \sum_{t=1}^{T_1} \gamma^{-t} R_c \right] \quad (7.5)$$

$$\text{s.t.} \sum_{t=0}^{+\infty} \theta^{-t} \varphi^{-t}(w + k) - \left(\sum_{t=1}^{T_1} \theta^{-t} rk + \theta^{-T_1} k \right) - w > 0$$

由此得到绿色消费信贷市场的均衡利率（称之为"低碳利率"），记为 r_l。

7.4 绿色消费信贷的定价原理

根据无套利定价原理，银行实施绿色消费信贷前后的目标函数应该相等。由公式（7.3）和公式（7.5）可得：

$$\sum_{t=1}^{T_1} \gamma^{-t} r_b k + \gamma^{-T_1} k - c - \beta z = \sum_{t=1}^{T_1} \gamma^{-t} r_l k + \gamma^{-T_1} k - c - \beta z + \sum_{t=1}^{T_1} \gamma^{-t} R_c \quad (7.6)$$

化简并整理后可以得到绿色消费信贷的定价公式：

$$r_l = r_b - R_c / k \quad (7.7)$$

公式（7.7）说明，绿色消费信贷的低碳利率由各期贷款利率和碳资产价值决定。传统消费信贷的利率和贷款额度由传统方法确定，绿色消费信贷定价的关键在于确定碳资产价值。

根据公式（5.11），家庭碳资产价值由碳资产实现市场交易的概率、相对碳排放水平和碳资产价格决定，则绿色消费信贷中碳资产的价值可以表示为：

$$R_c = p_c \times Q_c \times P_c \tag{7.8}$$

式中：p_c 为消费者在使用通过绿色消费信贷购买的商品产生的碳资产能够实现市场交易的概率；Q_c 为消费品的相对碳排放水平；P_c 为碳资产的价格。

下面，考察绿色消费信贷利率优惠水平及其影响因素。

设绿色消费信贷利率优惠水平为 r_{bl}，令 $r_{bl} = r_b - r_l$，则 $r_{bl} = R_c/k$，从而有：

$$r_{bl} = p_c \times Q_c \times P/k_c \tag{7.9}$$

即绿色消费信贷利率优惠水平由消费品对应的碳资产实现市场交易的概率、消费品的超额减排水平、碳排放权的价格和贷款额度决定。进而得到：

$$\frac{\dot{r}_{bl}}{r_{bl}} = \frac{\dot{p}_c}{p_c} + \frac{\dot{Q}_c}{Q_c} + \frac{\dot{P}_c}{P_c} - \frac{\dot{k}}{k} \tag{7.10}$$

即绿色消费信贷利率优惠水平的变化程度由消费品对应的碳资产实现市场交易的概率的变化程度、消费品的超额减排水平的变化程度、碳排放权价格的变化程度和贷款额度的变化程度决定。

7.5 示例：绿色汽车贷款机制与定价

家用汽车排放的尾气是碳排放以及其他城市空气污染物的重要来源，将家用汽车的碳排放纳入碳排放权交易体系，在理论上得到较多探讨并在实践中有一定发展。

汽车贷款是汽车消费的重要支撑，对汽车消费起到促进和引导作用。通过在汽车贷款引入低碳信号，可以引导消费者的购车行为向低碳化方向发展。

在家用汽车碳排放交易市场发展的背景下，基于汽车贷款对购车行为的引导作用，本节内容设计绿色汽车贷款机制并对其定价，以说明本章提出的绿色消费信贷机制及其定价理论的有效性和应用价值。

7.5.1 绿色汽车贷款机制

根据汽车消费和汽车碳排放的特点，设计减少汽车直接碳排放的绿色汽车贷款运行机制如图 7-3 所示。

①银行通过家用汽车贷款池向购买汽车的家庭发放贷款，家庭用自有资金和银行贷款购买汽车，并分期向银行支付贷款的本金和利息。

②由于汽车使用过程中会产生碳排放，家庭购买低排量的汽车产生的碳排放会较少，减少的这部分碳排放经过核证和货币换算后可以转变为碳资产。

③银行设置碳资产池汇集家庭家用汽车消费产生的碳资产，进而通过碳交易市场出售这部分碳资产，使收入流入家用汽车贷款池。

④家用汽车碳资产收入能够增加银行汽车贷款的收益，银行可以将这部分收益用于补贴家庭汽车贷款的利息支出。

⑤银行通过向购买低排量汽车的家庭收取较低的利息，鼓励家庭购买低排量汽车。

⑥如果家庭通过贷款购买高排量的汽车，将会产生家用汽车碳负债，银行碳资产池中的家用汽车碳资产将减少，银行为弥补这部分损失，需要向购买高排量汽车的家庭收取较高的汽车贷款利息，从而对购买高排量汽车的家庭形成负激励。

⑦支撑家用汽车碳资产业务的碳金融体系是绿色汽车贷款机制运行的基础。由于能够对家庭购买低排量汽车形成激励，绿色汽车贷款机制能够成为汽车减排工具。

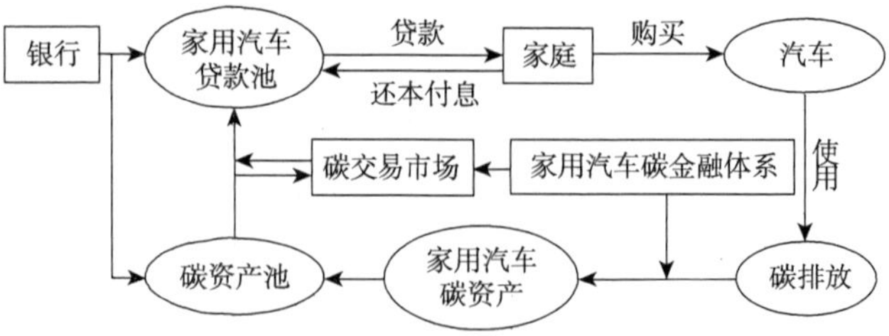

图 7-3 绿色汽车贷款的运行机制

绿色汽车贷款机制的运行需要满足四个条件：一是家用汽车的碳排放能够有效核算；二是家用汽车的碳排放能够通过家用汽车碳金融体系转变为碳资产；三是银行汇集的家用汽车碳资产能够在碳交易市场上实现交易；四是银行有实施绿色汽车贷款的业务体系。

7.5.2 绿色汽车贷款的定价原理

根据公式（7.7），绿色汽车贷款的低碳利率（r_{lm}）由传统汽车贷款的市场利率（r_{lm}）、家用汽车的碳资产价值（R_{cm}）和贷款额度（k_m）决定，即：

$$r_{lm} = r_{bm} - R_{cm}/k_m \tag{7.11}$$

设绿色汽车贷款的利率优惠水平为 r_{lbm} ，则：

$$r_{lbm} = R_{cm}/k_m \tag{7.12}$$

根据公式（7.9），可以得到绿色汽车贷款中家用汽车的碳资产价值（R_{cm}）：

$$R_{cm} = p_{cm} \times Q_{cm} \times P_{cm} \tag{7.13}$$

式中：p_{cm} 家用汽车碳资产实现市场交易的概率；Q_{cm} 为家用汽车的相对减排水平；P_{cm} 为家用汽车碳排放权的市场价格。

绿色汽车贷款应该在家用汽车碳排放交易市场和家用汽车碳金融体系较为成熟的前提下实施，p_{cm} 的取值应该为 1 或接近 1。P_{cm} 的取值应该根据家用汽车碳排放权的实际交易价格确定。Q_{cm} 的取值由以下公式确定：

$$Q_{cm} = a \times (f_s - f) \times e_f \times l \tag{7.14}$$

式中：f_s 为汽车的基准排量，由公共部门根据减排要求规定；f 为汽车的排量；e_f 为将汽车油耗转变为碳排放的转换系数；l 为汽车的行程，根据家用汽车的平均行驶距离确定；a 为调整系数。

根据公式（7.12）和公式（7.14），可以得到绿色汽车贷款的利率优惠水平：

$$r_{lbm} = p_{cm} \times a \times (f_s - f) \times e_f \times l \times P_{cm}/k_m \tag{7.15}$$

由于 a 、e_f 、l 取固定值，由公式（7.15）可以得到：

$$\frac{\dot{r}_{lbm}}{r_{lbm}} = \frac{\dot{p}_{cm}}{p_{cm}} + \frac{(f_s \dot{-} f)}{f_s - f} + \frac{\dot{P}_{cm}}{P_{cm}} - \frac{\dot{k}_m}{k_m} \tag{7.16}$$

同时，根据公式（7.11）、公式（7.12）和公式（7.15），可以得到绿色汽车贷款的定价公式：

$$r_{lm} = r_{bm} - p_{cm} \times a \times (f_s - f) \times e_f \times l \times P_{cm} / k_m \tag{7.17}$$

7.5.3 绿色汽车贷款的定价示例

设定家用汽车在减排体系中的基准排量 f_s 为 3.0L，将汽车油耗转变为碳排放的转换系数 e_f 为 2.25kg/L，家用汽车每年的平均行驶距离 l 为 20 000 公里，调整系数 a 为 0.05。同时，设定家用汽车碳资产实现市场交易的概率 p_{cm} 为 0.95，碳资产价格 P_{cm} 为 50 元/t（即 0.05 元/kg）。

假设一个家庭购买价值 20 万元的汽车，贷款额度占 50%，贷款期限为 3 年，分期付款，每月支付固定数额，3 年期银行贷款基准利率 6.60%，单利计息。由此可以得到购车贷款的额度 k_m 为 100 000 元，汽车贷款的基准利率 r_{bm} 为 0.066。

根据公式（7.15），消费者购买排量为 f 的汽车时绿色汽车贷款的利率优惠为：

$$r_{lbm} = 0.95 \times 0.05 \times (3 - f) \times 2.25 \times 20\,000 \times 0.05/100\,000 \tag{7.18}$$

根据公式（7.17），消费者购买排量为 f 的汽车时绿色汽车贷款的低碳利率为：

$$r_{lm} = 0.066 - 0.95 \times 0.05 \times (3 - f) \times 2.25 \times 20\,000 \times 0.05/100\,000 \tag{7.19}$$

整理得到：

$$r_{lbm} = 0.001\,068\,75 \times (3 - f) \tag{7.20}$$

$$r_{lm} = 0.066 - 0.001\,068\,75 \times (3 - f) \tag{7.21}$$

根据公式（7.20）和公式（7.21），可以得到购买不同排量汽车时绿色汽车贷款的低碳利率及其优惠水平（如表 7-1 所示）。

表 7-1 购买不同排量汽车时绿色汽车贷款的低碳利率及其优惠程度

排量	0	0.5	1.0	1.5	2.0	2.5	3.0
利率优惠	0.003 21	0.002 675	0.002 14	0.001 605	0.001 07	0.000 535	0
利率	0.062 86	0.062 86	0.062 86	0.062 86	0.062 86	0.062 86	0.062 86
排量	3.5	4.0	4.5	5.0	5.5	6.0	6.5
利率优惠	-0.000 54	-0.001 07	-0.001 61	-0.002 14	-0.002 68	-0.003 21	-0.003 75
利率	0.062 86	0.062 86	0.062 86	0.062 86	0.062 86	0.062 86	0.062 87

绿色汽车贷款机制的案例说明，可以通过改进消费信贷机制，实现消费信贷的低碳化，以此减少家庭通过消费信贷进行消费时的隐含碳排放。绿色汽车贷款的定价及其示例说明，可以通过将低碳消费产生的碳资产价值转化为货币价值，增加银行的收益途径，降低借款人的贷款利率。绿色汽车贷款机制及其定价的案例说明了绿色消费信贷机制及其定价理论的有效性。

7.6 本章小结

基于第 5 章对家庭碳资产价值分析，以及第 6 章对消费信贷影响家庭碳排放的研究，本章提出绿色消费信贷运行的基本思路。银行通过发放具有利率优惠的贷款，鼓励家庭的低碳消费行为并因此产生碳资产，同时银行汇集并出售家庭碳资产以获得利息减少的补偿；利率优惠使低碳消费的家庭利息支出减少，对家庭的低碳消费行为形成激励。基于绿色消费信贷运行的基本思路，设计包涵银行、家庭、碳交易市场等主体以及借款消费行为、消费隐含碳排放事实和碳资产形成、汇集、交易过程的绿色消费信贷机制。同时，提出绿色消费信贷机制实施的三个条件，即家庭消费隐含碳排放的额度能够核算、碳金融体系和碳交易市场能够支撑家庭碳资产的形成和交易、银行有参与绿色消费信贷的意愿。

在贝纳西微观非均衡理论的框架下，采用能够考察市场主体风险态度的行为均衡分析方法，探讨银行和家庭在传统消费信贷和绿色消费信贷中的行为及其均衡实现情况，说明银行通过使贷款利率低于市场完全均衡的利率使供给呈现短边状态，从而能够审核贷款者，以减少信息不对称带来的贷款人违约风险，银行因此成为贷款利率的决定者。

通过比较银行和家庭在传统消费信贷和绿色消费信贷中的实现行为均衡时的收益，根据无套利均衡的原理，对绿色消费信贷进行定价，得到“绿色消费信贷的利率=传统消费信贷的利率-单位贷款额度碳资产收益”的结论。由于传统消费信贷的利率和贷款额度较易确定，绿色消费信贷定价的关键在于确定消费品的碳资产价值。本书第 5 章的研究表明，家庭某类消费的碳资产价值由该类消费对应的碳资产实现市场交易的概率、相对碳排放水平和碳资产价格决定，这些因素也是绿色消费信贷利率的决定因素。

绿色消费信贷机制及其定价理论能够应用于汽车贷款等消费信贷领域，说明绿色消费信贷能够成为家庭和金融机构参与节能减排的有效工具之一。

结论与展望

低碳化是经济社会发展的趋势和要求。继国家、行业和企业之后，家庭成为节能减排的另一个重要主体。本书在家庭减排引起重视、碳排放资产价值凸显、消费信贷和绿色信贷快速发展的背景下，从碳资产和消费金融的视角，研究家庭碳排放差异性、价值属性和影响因素，在此基础上，分析消费信贷通过消费模式对家庭碳排放的影响，并进而提出促进家庭减排的绿色消费信贷方案。本书的研究能够为通过消费金融手段差异化减少家庭碳排放的政策制定和实践发展提供理论参考。

一、主要创新点

本书的创新性工作包括定量分析家庭碳排放的差异性及其来源、影响因素和形成原因，提出家庭碳资产的概念并度量其价值，分析消费信贷对家庭碳排放的影响，设计绿色消费信贷的运行机制并对其定价。

第一，分析家庭碳排放的差异性和其来源、影响因素和形成原因。采用基尼系数方法和中国城市家庭的微观加权数据严格度量家庭碳排放的差异性，并比较分析中国城市家庭碳排放差异性的水平与地域特征。采用基尼系数分解方法分析家庭碳排放差异性的来源，说明各类消费对家庭碳排放差异性的贡献。通过 Shapley 值分解方法将家庭碳排放差异性分解为其影响因素，说明各个影响因素对家庭碳排放差异性的贡献。在“消费生态”框架的基础上，提出“家庭特征—消费模式

—隐含碳排放”的框架，分析家庭特征通过消费模式对家庭碳排放的影响，解释家庭碳排放差异性形成的原因。该部分研究能够说明，家庭减排政策应重点关注减排潜力较大的部分消费领域，以及减排责任较大的部分家庭群体，从而为差异化家庭减排政策的制定提供理论基础。

第二，提出家庭碳资产的概念并度量其价值。基于家庭碳排放差异性和碳资产的含义，提出家庭碳资产的概念，分析家庭碳资产的节能减排属性、市场价值属性、社会价值属性、环保信号属性和不确定性。基于家庭碳资产的概念、特征和属性，提出基于家庭相对碳排放水平和碳资产价格的家庭碳资产的度量原理。在此基础上，基于家庭碳资产的不确定性和家庭各类消费隐含碳排放的差异，提出不确定条件下家庭碳资产的分类度量方法，进而考虑到时间因素，提出家庭碳资产的动态度量方法，并分析家庭碳资产的动态演化特征和灵敏度。

第三，从理论和实证方面分析消费信贷通过消费模式对家庭碳排放的影响。在理论方面，构建家庭消费多种不同类型商品时的效用函数，说明不同消费内容给家庭带来的效用差异，家庭受家庭社会经济特征的影响存在不同的消费模式；说明消费信贷对家庭消费模式的影响；同时，基于已有研究成果，说明消费模式决定家庭的碳排放水平，得到消费信贷通过消费模式影响家庭碳排放的结论。在实证方面，基于中国城市家庭的微观调查数据，构建消费信贷因素影响家庭消费和碳排放以及消费模式影响家庭碳排放的模型，综合利用稳健标准差加权 OLS 方法和 Quantile 回归方法对模型进行实证，重点分析家庭房贷水平、家庭短期消费贷款水平和家庭信用卡透支额度对通过消费模式以及家庭碳排放的影响。该部分研究能够丰富对家庭碳排放影响因素的认识，为通过消费金融手段减少家庭碳排放提供理论基础。

第四，基于对家庭碳资产价值的分析以及对消费信贷影响家庭碳排放的研究，提出通过获取家庭碳资产收益减少低碳消费家庭利息支出的绿色消费信贷理念，并设计绿色消费信贷的运行机制。通过比较分析银行在传统消费信贷和绿色消费信贷中的行为均衡及目标函数，根据无套利均衡的原理，对绿色消费信贷进行定价。通过绿色汽车贷款的案例说明绿色消费信贷机制及其定价理论的有效性和应用价值，说明绿色消费信贷能够成为金融机构参与节能减排的有效工具。

二、主要结论

第一，对家庭碳排放的差异性及其来源、影响因素和形成原因的研究表明：

中国城市家庭碳排放的差异性与收入或消费的差异性以及国际和省际碳排放的差异性相比具有较高的水平，并表现出地域特征；家庭碳排放差异性可以通过基尼系数分解方法分解为其来源，即家庭各类消费，其中具有较高碳排放强度的家居类消费是中国城市家庭碳排放差异性的最主要来源，文教娱乐类消费和食品类消费也因具有较高的碳排放强度和在家庭总消费中具有较高的占比而对家庭碳排放的差异性有较大贡献；家庭碳排放差异性可以通过 Shapley 值分解方法分解为其影响因素，其中，人口学特征和就业与收入状况对中国城市家庭碳排放差异性的贡献较大；可以在“家庭特征—消费模式—隐含碳排放”框架下分析家庭特征通过消费模式对家庭碳排放的影响，收入和家庭规模对各类消费均有影响，但影响系数不同，教育水平、户主性别和婚姻状况只对部分消费内容有影响，家庭特征通过对消费内容的不同作用影响家庭碳排放。

第二，对家庭碳资产及其价值度量的研究表明：

家庭碳资产是指家庭碳排放水平低于基准水平给家庭带来的现金流的价值；家庭碳资产具有节能减排属性、市场价值属性、社会价值属性、环保信号属性和不确定性；家庭碳资产的价值关键取决于家庭的相对碳排放水平和碳资产的价格，并受家庭碳资产市场交易不确定性的影响，随时间变化表现出受各个影响因素变化的动态演化特征。此外，应根据家庭各类消费隐含碳排放的差异对家庭碳资产价值进行分类度量。

第三，对消费信贷通过消费模式影响家庭碳排放的研究表明：

同样支出额度的不同消费内容给家庭带来的效用存在差异，受社会经济特征的影响家庭具有不同的消费模式；家庭房贷水平、家庭短期消费贷款水平和家庭信用卡透支额度等消费信贷因素影响家庭的流动性约束，从而会对家庭的消费规模和消费结构，即家庭的消费模式产生影响，进而影响家庭的碳排放水平。

第四，对绿色消费信贷的运行机制及定价的研究表明：

银行可以通过获取家庭碳资产收益减少家庭通过贷款进行低碳消费时的利息支出，鼓励家庭的低碳消费行为，实现节能减排目的；基于传统消费信贷的运行机制，参考家庭碳资产及其市场交易的特点，可以设计银行、家庭以及碳金融机构激励相容的绿色消费信贷运行机制；受家庭碳资产信号的影响，银行和家庭在绿色消费信贷中的行为函数及其均衡与在传统消费信贷中相比有所变化，通过比较银行在传统消费信贷和绿色消费信贷中的目标函数可以对绿色消费信贷进行定价；绿色消费信贷的利率受传统消费信贷利率、家庭碳资产收益以及贷款额度的影响。

三、政策启示

(1) 关于家庭碳排放的差异性及其来源和影响因素的启示

首先，家庭碳排放的差异性相对家庭收入或消费的差异性以及国际和省际碳排放的差异性具有较高的水平，说明家庭碳排放的差异性应该在节能减排政策中引起足够重视。一方面，家庭碳排放的差异性影响节能减排政策的效率。为更好地实现节能减排目标，家庭减排政策应更加关注高排放的家庭，因为这类家庭通常具有更大的减排潜力。另一方面，家庭碳排放的差异性影响节能减排政策的公平性。家庭碳排放的差异性使同一地区或同一国家的家庭因碳排放水平的不同具有不同的减排责任，因而应该在碳税、碳排放配额交易以及强制减排系统中区别对待各类家庭。

其次，涉及家庭碳排放不平等性的减排政策应考虑各类消费对家庭碳排放贡献的差异，针对不同消费内容采取差异化的减排措施。根据本书的研究结论，应该重点减少具有较高减排强度或在家庭总消费中具有较高占比的家居类、文教娱乐类和食品类消费的隐含碳排放。

再次，基于家庭特征的减排政策应关注造成家庭排放差异的关键因素，以使减排政策具有较高效率和较低成本。对于中国城市家庭来说，家庭规模以及就业和收入状况是造成家庭碳排放差异性的关键因素，家庭节能减排政策应重点关注具有人口数量少、就业人员多、收入水平高特征的高排放家庭。

（2）关于家庭特征通过消费模式影响家庭碳排放的启示

各类消费对家庭碳排放的影响程度不同。食品、衣着、通信和家居类消费对家庭碳排放的影响较大，这类消费主要是生存型消费，说明中国家庭的隐含碳排放主要来自满足生存型消费的生产活动。从节能减排的角度看，通过生产环节的减排降低生存型消费的隐含碳排放强度，以及引导居民在传统消费领域改用“低碳”产品，将对家庭节能减排起到显著作用，应该成为节能减排政策关注的重点。家用设施、交通、医疗保健和文教娱乐类消费当前对家庭碳排放的影响较小，但这类消费是主要的需求增长点，在内需扩大的背景下，降低这类消费的隐含碳排放强度，有助于中国经济走上低碳发展之路。

家庭特征通过对消费内容的不同作用影响家庭碳排放。根据本书的分析结果，收入高、规模小的家庭的食品、衣着、家居和通信类消费，教育水平高的家庭的衣着和交通通信类消费，已婚家庭的食品类消费，以及未婚家庭的衣着类消费，应该成为家庭节能减排政策关注的重点。

中国经济社会的快速发展使人们的收入持续增加，家庭规模越来越小，教育水平不断上升，这些变化某种程度上改善了人们的生活质量，但与之相随的消费的增加也会导致温室气体等污染物的增加。因此，应该在经济社会发展的过程中更加强调低碳、环保和可持续的理念，使居民的物质文化需求和生态需求同时得到满足。

（3）关于家庭碳资产及其价值度量的启示

家庭碳排放具有资产价值，这意味着家庭的减排行为能够产生经济收益，因而可以通过市场化手段减少家庭碳排放。家庭碳资产具有多种属性，这意味着家庭碳资产概念具有广泛的应用价值，应该引起节能减排政策制定者的足够重视。

家庭碳资产价值受家庭碳资产市场交易的不确定性、家庭的相对碳排放水平和家庭碳资产价格的共同影响，据此可以通过政策手段提高家庭碳资产的价值。一是构建针对家庭碳排放的碳金融体系，建设家庭碳资产交易市场，降低家庭碳资产交易的不确定性；二是确定适当的家庭碳排放标准，同时，鼓励生产部门提供更多的低碳产品，使家庭相对碳排放标准保持在适当水平；三是通过市场机制设计使家庭碳资产价格保持较高水平。较高的家庭碳资产价值能够激励家庭的减排行为。

在家庭碳资产尚未被广泛接受的背景下，可以根据家庭各类消费隐含碳排放的不同分类度量家庭碳资产，使家庭碳资产价值较易度量的消费领域率先实现碳资产交易，从而引导家庭碳资产交易市场的发展，带动更多家庭碳资产品种实现市场交易。

（4）关于消费信贷通过消费模式影响家庭碳排放的启示

消费信贷能够通过消费模式影响家庭碳排放，这意味着可以通过消费金融手段鼓励家庭的低碳消费行为，减少家庭碳排放。

住房贷款通过带动家居类消费和家庭用品、设施及服务类消费以及交通类消费对家庭碳排放水平产生正向影响，并且对高排放家庭的碳排放水平影响较大。在发放住房贷款时，应通过差别利率鼓励家庭购买低碳类家居产品以及低碳类家庭用品和设施；关注家庭住房行为和交通行为的关联，通过住房贷款的利率优惠手段鼓励家庭的低碳交通行为；提高在相应消费领域具有低碳消费行为的家庭的信用等级，限制高排放家庭的贷款配额。

短期消费贷款通过所有类型的消费提高各类家庭的碳排放水平，实施绿色短期消费贷款，鼓励短期消费贷款的授信对象在各个消费领域选择低碳产品，将对家庭的碳排放行为产生较大影响。在发放短期消费贷款时，应该通过利率优惠措施鼓励家庭购买低碳商品；同时，减少或停止对碳排放较高的家庭以及对高碳商品消费贷款的授信。

信用卡额度通过多个消费类型对家庭的碳排放水平产生正向影响。在居民使用信用卡进行消费时，银行应提高低碳消费家庭的透支额度，减少高排放家庭的透支额度；同时，应该根据消费内容的低碳化程度对使用信用卡的商品购买者实施差别利率或者给予不同的积分和还款期限，以此鼓励家庭的低碳消费行为。另外，在居民选择借记卡或选择网络支付方式进行消费时，也可以通过利率或者积分的差别鼓励家庭的低碳消费行为。

（5）关于绿色消费信贷及其定价的启示

绿色消费信贷的实施需要具备三个条件，即家庭消费隐含碳排放的额度能够核算、碳金融体系和碳交易市场能够支撑家庭碳资产的形成和交易、银行有参与绿色消费信贷的意愿。公共部门应该从这三个方面促进绿色消费信贷的发展。首先，加强家庭消费隐含碳排放核算体系的建设，使家庭主要消费领域的碳排放水平能够得到公允的核算。其次，加强家庭碳金融体系和家庭碳资产交易市场的建设，使家庭碳排放水平能够转化为家庭碳资产水平，并使家庭碳资产能够通过市场交易实现价值。最后，通过政策引导、公众监督等方式鼓励银行和消费金融公司等金融机构实施绿色消费信贷。

在当前绿色消费信贷尚没有成熟模式的情况下，国家发改委、中国人民银行、中国银保监会等相关政府部门应开展绿色消费信贷试点，摸索并总结绿色消费信贷的有效模式和实施要点。在此基础上，出台绿色消费信贷指引性文件，在消费信贷快速发展的背景下，大力促进其“绿色化”和“低碳化”。

绿色消费信贷利率及其优惠程度主要受家庭购买商品对应的碳资产收益的影响。政府应通过提高家庭低碳消费对应的碳资产价值，增加绿色消费信贷的利率优惠，为绿色消费信贷的发展创造利益空间；银行应主动参与家庭碳资产交易，增加关于家庭碳金融、家庭碳资产以及家庭碳交易的知识储备，为实施绿色消费信贷打下基础；家庭应顺应低碳消费的时代要求，积极调整消费模式，主动选择低碳类产品，逐步实现家庭碳资产的积累。

四、研究展望

本书的研究主题是一个较新的研究领域。目前存在一些关于家庭碳排放差异性的定性研究，但定量研究和综合分析其原因的研究在本书之前比较少见；对家庭碳资产、消费信贷影响家庭碳排放以及绿色消费信贷的研究在本书之前极少见到。本书以从理论上探讨通过消费金融手段减少家庭碳排放为宗旨，对这些问题做了尽可能深入的研究，但仍存在不足，在以下几个方面具有进一步深化的空间。

第一，对家庭碳排放差异性的定量研究，本书主要采用基尼系数、基尼系数分解以及 Shapley 值分解方法。度量差异性的工具还包括 Atkinson 指数、Polarization 方法、Theil 指数及其分组分解方法等，采用其他方法是否能够发现新的结果值得探讨。

第二，本书提出的分析家庭碳排放影响因素的“家庭特征—消费模式—隐含碳排放”框架没有考虑消费者的心理因素、行为特征、社会关系等因素，这些因素通过消费模式对家庭碳排放的影响值得进一步分析。

第三，本书对家庭碳资产及其价值度量的研究偏重理论分析，具体应用和实证研究相对缺乏，有必要加强这方面的研究。

第四，本书在研究绿色消费信贷时主要考虑碳资产收益对银行货币收入的影响，事实上，除碳资产收益外，绿色消费信贷还能够提升银行的声誉，降低银行贷款中的环境风险，考虑声誉等其他收益后银行和家庭在绿色消费信贷中的行为均衡以及绿色消费信贷利率决定的变化值得进一步研究。

参考文献

[1]AHN S, CHOI W. The role of bank monitoring in corporate governance: evidence from borrowers' earnings management behavior[J]. Journal of Banking and Finance, 2009, 33(2): 425-43.

[2]ALCANTARA V, DURO J A. Inequality of energy intensities across OECD countries: a note[J]. Energy Policy, 2004, 32(11): 1257-1260.

[3]ANDRICH M A, IMBERGER J, OXBURGH E R. Inequality as an obstacle to sustainable electricity and transport energy use[J]. Energy for Sustainable Development, 2013(17): 315-325.

[4]ANGEL D P, ATTOH S, KROMM D, et al. The drivers of greenhouse gas emissions: what do we learn from local case studies? [J]. Local Environment, 1998, 3(3): 263-277.

[5]ANTZOULATOS A A. Consumer credit and consumption forecasts[J]. International Journal of Forecasting, 1996, 12(4): 439-453.

[6]BENASSY J. Nonclearing markets: microeconomic concepts and macroeconomic applications[J]. Journal of Economic Literature, 1993, 31(2): 732-761.

[7]BENASSY J. The disequilibrium approach to monopolistic price setting and general monopolistic equilibrium[J]. The Review of Economic Studies, 1976, 43(1): 69-81.

[8]BERLIN M, MESTER L J. Credit card rates and consumer search[J].

Review of Financial Economics, 2004, 13(1): 179-198.

[9]BIN S, DOWLATABADI H. Consumer lifestyle approach to US energy use and the related CO_2 emissions[J]. Energy Policy, 2005, 33(2): 197-208.

[10]BOSTIC R, GABRIEL S, PAINTER G. Housing wealth, financial wealth, and consumption: new evidence from micro data[J]. Regional Science and Urban Economics, 2009, 39(1): 79-89.

[11]BRADY R R. Structural breaks and consumer credit: is consumption smoothing finally a reality? [J]. Journal of Macroeconomics, 2008, 30(3): 1246-1268.

[12]BRAND C, GOODMAN A, RUTTER H, et al. Associations of individual, household and environmental characteristics with carbon dioxide emissions from motorised passenger travel[J]. Applied Energy, 2013(104): 158-169.

[13]BRÄNNLUND R, GHALWASH T. The income-pollution relationship and the role of income distribution: an analysis of Swedish household data[J]. Resource and Energy Economics, 2008, 30(3): 369-387.

[14]BÜCHS M, SCHNEPF V S. Who emits most? Associations between socio-economic factors and UK households' home energy, transport, indirect and total CO_2emissions[J]. Ecological Economics, 2013(90): 114-123.

[15]CANTORE N, PADILLA E. Equality and CO_2 emissions distribution in climate change integrated assessment modelling[J]. Energy, 2010, 35(1): 298-313.

[16]CANTORE N. Distributional aspects of emissions in climate change integrated assessment models[J]. Energy Policy, 2011(39): 2919-2924.

[17]CHAKRABORTY D, ROY J. Energy and carbon footprint: numbers matter in low energy and low carbon choices [J]. Current Opinion in Environmental Sustainability, In Press, 2013.

[18] CHEN B, LIAO S. Capital, credit constraints and the comovement between consumer durables and nondurables[J]. Journal of Economic Dynamics and Control, 2014(39): 127-139.

[19] CHITNIS M, DRUCKMAN A, HUNT C L, et al. Forecasting scenarios for UK household expenditure and associated GHG emissions: outlook to 2030[J]. Ecological Economics, 2012, 84(12): 129-141.

[20] CLARKE-SATHER A, QU J, WANG Q, et al. Carbon inequality at the sub-national scale: a case study of provincial-level inequality in CO_2 emissions in China 1997-2007[J]. Energy Policy, 2011(39): 5420-5428.

[21] DAI H, MASUI T, MATSUOKA Y, et al. The impacts of China's household consumption expenditure patterns on energy demand and carbon emissions towards 2050[J]. Energy Policy, 2012, 50(11): 736-750.

[22] DENNIS S, NANDY D, SHARPE I. The determinants of contract terms in bank revolving credit agreements[J]. The Journal of Financial and Quantitative Analysis, 2000, 35(1): 87-110.

[23] DIONNEA G, SPAETER S. Environmental risk and extended liability: The case of green technologies[J]. Journal of Public Economics, 2003, 87(5-6): 1025-1060.

[24] DRUCKMAN A, JACKSON T. The carbon footprint of UK households 1990-2004: A socio-economically disaggregated, quasi-multi-regional input-output model[J]. Ecological Economics, 2009, 68(7): 2066-2077.

[25] DUARTE R, MAINAR A, SÁNCHEZ-CHÓLIZ J. Social groups and CO_2 emissions in Spanish households[J]. Energy Policy, 2012(44): 441-450.

[26] DUARTE R, MAINAR A, SÁNCHEZ-CHÓLIZ J. The impact of household consumption patterns on emissions in Spain[J]. Energy Economics, 2010, 32(1): 176-185.

[27] DURO J A, ALCANTARA V, PADILLA E. International inequality in

energy intensity levels and the role of production composition and energy efficiency: an analysis of OECD countries[J]. Ecological Economics, 2010, 69 (12): 2468-2474.

[28]DURO J A, PADILLA E. Analysis of the international distribution of per capita CO_2 emissions using the polarization concept [J]. Energy Policy, 2008, 36(1): 456-466.

[29]DURO J A, PADILLA E. International inequalities in per capita CO_2 emissions: a decomposition methodology by Kaya factors[J]. Energy Economics, 2006, 28(2): 170-187.

[30]DURO J A. Decomposing international polarization of per capita CO_2 emissions[J]. Energy Policy, 2010(38): 6529-6533.

[31]DURO J A. On the automatic application of inequality indexes in the analysis of the international distribution of environmental indicators [J]. Ecological Economics, 2012(76): 1-7.

[32]DURO J A. Weighting vectors and international inequality changes in environmental indicators: an analysis of CO_2 per capita emissions and Kaya factors[J]. Energy Economics, 2013(39): 122-127.

[33]EKICI T, DUNN L. Credit card debt and consumption: evidence from household-level data[J]. Applied Economics, 2010, 42(4): 455-462.

[34]EZCURRA R. Distribution dynamics of energy intensities: a cross-country analysis[J]. Energy Policy, 2007, 35(10): 5254-5259.

[35]FAN J, GUO X, MARINOVA D, et al. Embedded carbon footprint of Chinese urban households: structure and changes [J]. Journal of Cleaner Production, 2012(33): 50-59.

[36]FENG Z, ZOU L, WEI Y. The impact of household consumption on energy use and CO_2 emissions in China[J]. Energy, 2011, 36(1): 656-670.

[37]FIELDS G S, YOO G. Falling labor income inequality in Korea's

economic growth: patterns and underlying causes[J]. Review of Income and Wealth, 2000, 46(2): 139-159.

[38] FISHER A L, OTTO G, VOSS M G. The response of Australian consumption to housing wealth[J]. Journal of Macroeconomics, 2010, 32(1): 284-299.

[39] FRENCH E, JONES B J. Why do the elderly save? the role of medical expenses, mariacristina de nardi[J]. Journal of Political Economy, 2010, 118(1): 39-75.

[40] FRENCH E, JONES J B. The effects of health insurance and self-insurance on retirement behavior[J]. Econometrica, 2011, 79(3): 693-732.

[41] GIROD B, HAAN P. More or better? a model for changes in household greenhouse gas emissions due to higher income[J]. Journal of Industrial Ecology, 2010, 14(1): 31-49.

[42] GOLLEY J, MEAGHER D, XIN M. Chinese household consumption, energy requirements and carbon emissions[J]. Manuscript, 2010.

[43] GOLLEY J, MENG X. Income inequality and carbon dioxide emissions: The case of Chinese urban households[J]. Energy Economics, 2012, 34(6): 1864-1872.

[44] GREENING L A, GREENE D L, DIFIGLIO C. Energy efficiency and consumption—the rebound effect—a survey[J]. Energy policy, 2000, 28(6): 389-401.

[45] GRUNEWALD N, JAKOB M, MOURATIADOU I. Decomposing inequality in CO_2 emissions: the role of primary energy carriers and economic sectors[J]. Ecological Economics, 2014(100): 183-194.

[46] HAN L, XU X, HAN L. Applying quantile regression and Shapley decomposition to analyzing the determinants of household embedded carbon emissions: evidence from urban China[J]. Journal of Cleaner Production, 2014.

[47] HEDENUS F, AZAR C. Estimates of trends in global income and resource inequalities[J]. Ecological Economics, 2005, 55(3): 351-364.

[48] HEIL M T, WODON Q T. Future inequality in CO_2 emissions and the impact of abatement proposals [J]. Environmental and Resource Economics, 2000, 17(2): 163-181.

[49] HEIL M T, WODON Q T. Inequality in CO_2 emissions between poor and rich countries [J]. Journal of Environment and Development, 1997 (6): 426-452.

[50] HERRING H. Energy efficiency—a critical view[J]. Energy, 2006, 31(1): 10-20.

[51] HERTWICH E G, PETERS G P. Carbon footprint of nations: a global, trade-linkedanalysis[J]. Environmental Science & Technology, 2009, 43(16): 6414-6420.

[52] JAFFEE D, MODIGLIANI F. A theory and test of credit rationing[J]. The American Economic Review, 1969, 59(5): 850-872.

[53] KAPLAN G, VIOLANTE G L. A model of the consumption response to fiscal stimulus payments[J]. Econometrica, 2014, 82(4): 1199-1239.

[54] KENNY T, GRAY F N. Comparative performance of six carbon footprint models for use in Ireland [J]. Environmental Impact Assessment Review, 2009, 29(1): 1-6.

[55] KERKHOF C A, NONHEBEL S, MOLL C H. Relating the environmental impact of consumption to household expenditures: Aninput - outputanalysis[J]. Ecological Economics, 2009, 68(4): 1160-1170.

[56] KIRCHLER E, HOELZL E, KAMLEITNER B. Spending and credit use in the private household[J]. The Journal of Socio-Economics, 2008, 37 (2): 519-532.

[57] LARSEN N H, PETTERSEN J, SOLLI C, et al. Investigating the

Carbon Footprint of a University – The case of NTNU [J]. Journal of Cleaner Production, 2013(48): 39-47.

[58] LEE J. Consumption, financial wealth and labor income in Korea[J]. Japan and the World Economy, 2013: 25-26, 59-67.

[59] LEE S, LEE B. The influence of urban form on GHG emissions in the US household sector[J]. Energy Policy, 2014(68): 534-549.

[60] LENZEN M, BENRIMOJ C, KOTIC B. Input – output analysis for business planning: a case study of the university of Sydney [J]. Economic Systems Research, 2010, 22(2): 155-179.

[61] LENZEN M. Primary energy and greenhouse gases embodied in Australian final consumption: an input – output analysis [J]. Energy Policy, 1998, 26(6): 495-506.

[62] LERMAN R I, YITZHAKI S. A note on the calculation and interpretation of the Gini index[J]. Economics Letters, 1984(15): 363-368.

[63] LERMAN R I, YITZHAKI S. Income inequality effects by income source: A new approach and applications to the United States[J]. Review of Economics and Statistics, 1985(67): 151-156.

[64] LETTAU M, LUDVIGSON S C. Consumption, aggregate wealth, and expected stock returns[J]. Journal of Finance, 2001, 56(3): 815-849.

[65] LETTAU M, LUDVIGSON S C. Understanding trend and cycle in asset values: reevaluating the wealth effect on consumption[J]. American Economic Review, 2004, 94(1): 276-299.

[66] LI R, LI Q, HUANG S, ZHU X. The credit rationing of Chinese rural households and its welfare loss: an investigation based on panel data[J]. China Economic Review, 2013(26): 17-27.

[67] LIU W, SPAARGAREN G, HEERINK N, et al. Energy consumption practices of rural households in north China: Basic characteristics and potential

for low carbon development[J]. Energy Policy, 2013(55): 128-138.

[68]LIU W, SPAARGAREN G, HEERINK N, et al. Energy consumption practices of rural households in north China: basic characteristics and potential for low carbon development[J]. Energy Policy, 2013(55): 128-138.

[69]LIU W, SPAARGAREN G, HEERINK N, et al. Energy consumption practices of rural households in north China: basic characteristics and potential for low carbon development[J]. Energy Policy, 2013(55): 128-138.

[70] MAKI A. Changes in Japanese household consumption and saving behavior before, during and after the Bubble era: empirical analysis using NSFIE micro-data sets[J]. Japan and the World Economy, 2006, 18(1): 2-21.

[71]MINX J C, WIEDMANN T, WOOD R, et al. Input-Output analysis and carbon footprinting: an overview of applications [J]. Economic Systems Research, 2009, 21(3): 187-216.

[72]MODIGLIANI F, BRUMBERG R. Utility analysis and the consumption function: an interpretation of cross-section data in post keynesian economics [M]. Rutgers University Press, New Brunswick, 1954.

[73] MORDUCH J, SICULAR T. Rethinking inequality decomposition, with evidence from rural China[J]. The Economic Journal, 2002, 112(476): 93-106.

[74] Munksgaard J, Pedersen A K, Wien M. Impact of household consumption on CO_2 emissions[J]. Energy Economics, 2000, 22(4): 423-440.

[75]OGAWA K, KITASAKA S, YAMAOKA H, et al. An empirical re-evaluation of wealth effect in Japanese household behavior[J]. Japan and the World Economy, 1996(8): 423-442.

[76]OGAWA K, WAN J. Household debt and consumption: a quantitative analysis based on household micro data for Japan [J]. Journal of Housing Economics, 2007, 16(2): 127-142.

[77]OZAWA-MEIDA L, BROCKWAY P, LETTEN K, et al. Measuring carbon performance in a UK University through a consumption-based carbon footprint: De Montfort University case study[J]. Journal of Cleaner Production, In Press, 2011.

[78] PADILLA E, SERRANO A. Inequality in CO_2 emissions across countries and its relationship with income inequality: a distributive approach[J]. Energy Policy, 2006, 34(14): 1762-1772.

[79] PAPATHANASOPOULOU E. Household consumption, associated fossil fuel demand and carbon dioxide emissions: the case of Greece between 1990 and 2006[J]. Energy Policy, 2010, 38(8): 4152-4162.

[80]PETERS G P, HERTWICH E G. CO_2 embodied in international trade with implications for global climate policy [J]. Environmental Science & Technology, 2008, 42(5): 1401-1407.

[81]PETERS G P, WEBER C L, GUAN D, et al. China's growing CO_2 emissions a race between increasing consumption and efficiency gains [J]. Environmental Science & Technology, 2007, 41(17): 5939-5944.

[82] PETERS G P. Carbon footprints and embodied carbon at multiple scales[J]. Current Opinionin Environmental Sustainability, 2010, 2(4): 245-250.

[83]Qu J, Zeng J, Li Y, et al. Household carbon dioxide emissions from peasants and herdsmen in northwestern arid-alpine regions[J]. China Energy Policy, 2013(57): 133-140.

[84]REINDERS A, VRINGER K, BLOK K. The direct and indirect energy requirement of households in the European Union[J]. Energy Policy, 2003, 31(2): 139-153.

[85] ROSAS J, SHEINBAUM C, MORILLON D. The structure of household energy consumption and related CO_2 emissions by income group in

Mexico[J]. Energy for Sustainable Development, 2010(14): 127-133.

[86]RUBASZEK M, SERWA D. Determinants of credit to households: an approach using the life-cycle model[J]. Economic Systems, 2014, 38(4): 572-587.

[87]SALOTTI S. Global imbalances and household savings: The role of wealth[J]. The Social Science Journal, 2010, 47(1): 21-44.

[88]SCHIPPER L, BARTLETT S, HAWK D, et al. Linking life-styles and energy use: a matter of time? [J]. Annual review of energy, 1989, 14(1): 273-320.

[89]SHEFRIN H, NICOLS C M. Credit card behavior, financial styles, and heuristics[J]. Journal of Business Research, 2014, 67(8): 1679-1687.

[90]SHIRLEY R, JONES C, KAMMEN D. A household carbon footprint calculator for islands: Case study of the United States Virgin Islands[J]. Ecological Economics, 2012(80): 8-14.

[91]SHORROCKS A F. Decomposition procedures for distributional analysis: a unified framework based on the Shapley value[J]. Journal of Economic Inequality, 2013(11): 1-28.

[92]SHORROCKS A F. Inequality decomposition by population subgroups [J]. Econometrica, 1984(52): 1369-1388.

[93]STARK O, TAYLOR J E, YITZHAKI S. Remittances and inequality [J]. The economic journal, 1986(96): 722-740.

[94]STEINBERGER J K, KRAUSMAN F, EISENMENGER N. Global patterns of materials use: a socioeconomic and geophysical analysis[J]. Ecological Economics, 2010(69): 1148-1158.

[95]STIGLITZ J, WEISS A. Credit rationing in markets with imperfect information[J]. The American Economic Review, 1981, 71(3): 393-410.

[96]STREIMIKIENE D, VOLOCHOVIC A. The impact of household

behavioral changes on GHG emission reduction in Lithuania[J]. Renewable and Sustainable Energy Reviews, 2011, 15(8): 4118-4124.

[97]SUN J W. The decrease in the difference of energy intensities between OECD countries from 1971 to 1998[J]. Energy Policy, 2002, 30(8): 631-635.

[98]THOMPSON P, COWTON J C. Bringing the environment into bank lending: implications for environmental reporting[J]. The British Accounting Review, 2004(2): 197-218.

[99] THOMPSON P. Assessing the environmental risk exposure of UK banks[J]. The International Journal of Bank Marketing, 1998, 16(3): 129-136.

[100]TUKKER A, COHEN J M, HUBACEK K, et al. The Impacts of Household Consumption and Options for Change[J]. Journal of Industrial Ecology, 2010, 14(1): 13-30.

[101]VRINGER K, BLOK K. The direct and indirect energy requirements of households in the Netherlands[J]. Energy Policy, 1995, 23(10): 893-910.

[102]WAN G. Accounting for income inequality in rural China: a regression-based approach[J]. Journal of Comparative Economicse, 2004(32): 348-363.

[103] WANG Y, SHI M. CO_2 emission induced by urban household consumption in China Chinese [J]. Journal of Population Resources and Environment, 2009(7): 11-19.

[104] WEBER C, PERRELS A. Modeling lifestyle effects on energy demand and related emissions[J]. Energy Policy, 2000, 28(8): 549-566.

[105]WEI Y, LIU L, FAN Y, et al. The impact of lifestyle on energy use and CO_2 emission: an empirical analysis of China's residents[J]. Energy Policy, 2007, 35(1): 247-257.

[106] WHITE H. A Heteroskedasticity - Consistent Covariance Matrix Estimator and a Direct Test for Heteroskedasticity[J]. Econometrica. 1980(48):

817-838.

[107] WHITE T J. Sharing resources: the global distribution of the ecological footprint[J]. Ecological economics, 2007, 64(2): 402-410.

[108] WHITE T. Diet and the distribution of environmental impact[J]. Ecological Economics, 2000, 34(1): 145-153.

[109] WIEDMANN T. A review of recent multi-region input-output models used for consumption-based emission and resource accounting[J]. Ecological Economics, 2009, 69(2): 211-222.

[110] WORTHINGTON S, THOMPSON F M, STEWART D B. Credit cards in a Chinese cultural context—the young, affluent Chinese as early adopters [J]. Journal of Retailing and Consumer Services, 2011, 18(6): 534-541.

[111] YANG S, MARKOCZY L, QI M. Unrealistic optimism in consumer credit card adoption[J]. Journal of Economic Psychology, 2007, 28(2): 170-185.

[112]蔡浩仪，徐忠. 消费信贷、信用分配与中国经济发展[J]. 金融研究，2005(9): 63-75.

[113]樊纲，苏铭，曹静. 最终消费与碳减排责任的经济学分析[J]. 经济研究，2010(1): 4-14.

[114]范进，赵定涛，郭韬. 基于消费者视角的碳排放权交易机制研究[J]. 中国软科学，2012(6): 24-32.

[115]国务院发展研究中心课题组. 全球温室气体减排：理论框架和解决方案[J]. 经济研究，2009(3): 4-13.

[116]韩立岩，黄古博. 技术的碳资产属性与定价[J]. 统计研究，2015(2): 10-15.

[117]贺仁飞，牛叔文，贾艳琴，等. 人均生活能源消费、收入和碳排放的面板数据分析[J]. 资源科学，2012(6): 1142-1151.

[118]贾良定，陈秋霖. 消费行为模型及其政策含义[J]. 经济研究，

2001(5)：86-92.

[119]廖理，沈红波，苏治. 如何推动中国居民的信用卡消赛信贷:基于住房的研究视角[J]. 中国工业经济，2013(12)：117-129.

[120]牛云翥，牛叔文，张馨，等. 家庭能源消费与节能减排的政策选择[J]. 中国软科学，2013(5)：45-55.

[121]曲建升，张志强，曾静静，等. 西北地区居民生活碳排放结构及其影响因素[J]. 科学通报，2013(3)：260-260.

[122]王丹寅，唐明方，任引，等. 丽江市家庭能耗碳排放特征及影响因素[J]. 生态学报，2012(24)：7716-7721.

[123]王弟海，严成搽，龚六堂. 遗产机制、生命周期储蓄和持续性不平等[J]. 金融研究，2011(7)：14-31.

[124]王建明，王俊豪. 公众低碳消费模式的影响因素模型与政府管制政策:基于扎根理论的一个探索性研究[J]. 管理世界，2011(4)：58-68.

[125]王琴，曲建升. 1999—2009 年我国不同收入水平下的碳排放差异分析[J]. 生态环境学报，2012(4)：635-640.

[126]叶光亮，邓国营，黎志刚. 个人住房贷款行为与房贷调控的有效性分析[J]. 经济研究，2011(S1)：105-115.

[127]臧旭恒，李燕桥. 消费信贷、流动性约束与中国城镇居民消费行为:基于 2004-2009 年省际面板数据的经验分析[J]. 经济学动态，2012(2)：61-66.

[128]张馨，牛叔文，赵春升，等. 中国城市化进程中的居民家庭能源消费及碳排放研究[J]. 中国软科学，2011(9)：65-75.

[129]周弘. 住房按揭贷款如何影响家庭金融资产配置:基于家庭财务报表视角的实证研究[J]. 经济经纬，2015(1)：150-155.

致　谢

感谢国家自然科学基金青年项目“绿色金融视角下消费信贷的碳排放溢出效应与减排策略研究”(71603174)和国家自然科学基金面上项目“环境风险与绿色金融产品定价研究”(71673020)、“政府引导市场的绿色金融创新机制研究”(71173008)和北京市委组织部优秀人才项目“京津冀普惠金融调查与研究”(2016000026833TD02)的资助。同时,感谢同行提出的宝贵意见！感谢家人和亲友对我们学术工作的大力支持!